区域社会发展与治理研究丛书

创新环境优化、技术赋能与社会治理数字化转型研究

——以呼包鄂乌城市群为例

任　捷◎著

中国财经出版传媒集团

经济科学出版社

Economic Science Press

图书在版编目（CIP）数据

创新环境优化、技术赋能与社会治理数字化转型研究：
以呼包鄂乌城市群为例/任捷著 . -- 北京：经济科学
出版社，2022.5
（区域社会发展与治理研究丛书）
ISBN 978 - 7 - 5218 - 3666 - 0

Ⅰ.①创…　Ⅱ.①任…　Ⅲ.①社会管理 - 数字化 - 研
究 - 内蒙古　Ⅳ.①D672.6 - 39

中国版本图书馆 CIP 数据核字（2022）第 078879 号

责任编辑：李　雪　袁　澂
责任校对：王苗苗
责任印制：邱　天

创新环境优化、技术赋能与社会治理数字化转型研究
——以呼包鄂乌城市群为例
任　捷　著
经济科学出版社出版、发行　新华书店经销
社址：北京市海淀区阜成路甲 28 号　邮编：100142
总编部电话：010 - 88191217　发行部电话：010 - 88191522
网址：www. esp. com. cn
电子邮箱：esp@ esp. com. cn
天猫网店：经济科学出版社旗舰店
网址：http://jjkxcbs. tmall. com
北京季蜂印刷有限公司印装
710 × 1000　16 开　11.25 印张　150000 字
2022 年 5 月第 1 版　2022 年 5 月第 1 次印刷
ISBN 978 - 7 - 5218 - 3666 - 0　定价：48.00 元
（图书出现印装问题，本社负责调换。电话：010 - 88191510）
（版权所有　侵权必究　打击盗版　举报热线：010 - 88191661
QQ：2242791300　营销中心电话：010 - 88191537
电子邮箱：dbts@ esp. com. cn）

该书为内蒙古哲学社会科学基地重点项目、内蒙古自然科学基金项目、内蒙古社会科学基金重点项目成果。

内蒙古哲学社会科学基地重点项目"呼包鄂乌创新环境优化、技术赋能与社会治理数字化转型路径研究"项目资助,项目号:2020ZJD016。

内蒙古自然科学基金博士项目"基于创新环境优化的呼包鄂乌数字化社会治理指标体系测度与路径提升研究"项目资助,项目号:2021BS07005。

内蒙古社会科学基金重点项目"以人口功能优化布局带动呼包鄂乌城市群高质量发展的路径与对策研究"项目资助,项目号:202109。

总　序

　　区域社会发展与治理是实现国家战略与奋斗目标的重要支撑。党的十八大以来，习近平总书记亲自谋划部署推动了一系列具有全局性意义的区域重大战略：推进京津冀协同发展、长江经济带发展、长三角一体化发展，推动黄河流域生态保护和高质量发展，为中国式现代化进程中的区域社会发展指明方向、建构蓝图。党的二十大报告进一步指出："深入实施区域协调发展战略、区域重大战略、主体功能区战略、新型城镇化战略，优化重大生产力布局，构建优势互补、高质量发展的区域经济布局和国土空间体系"。"促进区域协调发展"成为加快构建新发展格局、着力推动高质量发展的重要内容之一。从区域经济社会发展的内涵来看，区域社会发展注重经济、政治、文化、社会、生态等五方面的深度融合和有机统一，具体体现为，科技进步、创新环境优化、高等教育发展、人口均衡发展、区域经济高质量发展、人才发展、韧性发展等主题。在要素分配与路径优化过程中，区域社会分阶段、分步骤推动高质量发展和治理现代化目标实现。

　　随着中国特色社会主义进入新时代，人民日益增长的美好生活需要和不平衡不充分发展之间的矛盾上升为社会主要矛盾。对区域经济社会而言，区际差异大，发展不均衡、不充分形成的结构性矛盾，已成为制约高质量发展的主要矛盾。中国式现代化是全体人民共同富裕的现代化，面对世界百年未有之大变局，解决好发展不平衡不充分问题、破解制约区域高质量发展的难题，对于实现中国式现代化具有重大意义。聚焦新任务，擘画区域发展蓝图，提升区域社会高质量发展水平与治理效能，正是作者编写这套"区域社会发展与治理"丛书的初衷。该丛书立足区域社会发展，着眼于黄河流域高质量发展，探索区域社会发展进程中的治理经验与规律，围绕黄河流域发展进程中的数智化社会治理与应急治理、人口区域均衡发展、智能教育与高教改革、区域韧性发展与高质量发展以及经济社会发展中的重大议题展开研究。在编撰过程中，尤其重视多种社会科学研究方法的应用，定性与定量相结合，在采用定量研究方法的同时选取来自区域发展实践的大量案例，把黄河流域区域社会发展和整体治理的经验与理论相融合，围绕核心议题展开理论探索和问题研究，讲好区域高质量发展的故事，努力探索并挖掘区域经济社会发展与治理研究的方式与规律，把握并创新适宜区域发展的实践经验与特色路径，打造区域社会发展与治理的"核心竞争力"。

区域社会发展与治理丛书围绕黄河流域高质量发展，聚焦黄河"几"字弯经济社会发展与治理问题深入探讨和研究，提出了针对性强、具有决策参考价值的思路和对策。该丛书的出版，希望能够对推动黄河流域高质量发展有所裨益，引起更多对该区域社会发展与治理的思考，为区域高质量发展提供理论依据与方案借鉴。

内蒙古自治区哲学社会科学研究基地
——呼包银榆经济区研究中心
学术委员会主任委员

洪璧

前　　言

　　以呼和浩特市、包头市、鄂尔多斯市、乌兰察布市为代表的呼包鄂乌地区是沿黄经济带核心发展区域。当前，呼包鄂乌区域发展方式主要依靠要素驱动、投资驱动发展经济，牺牲了能源资源和环境，面临着环境保护形势严峻、资源型产业亟待科技创新驱动转型升级、社会治理领域科技支撑不足等难题，迫切需要科学测度和评价科技赋能数字化社会治理与创新环境之间的耦合协调程度，提出呼包鄂乌聚集创新要素和资源的路径，用以支持呼包鄂乌区域创新和社会治理的数字化转型，进一步推进区域高质量发展新格局构建。

　　社会治理数字化转型是以新型基础设施建设为重点，以新一代信息技术和数字化为核心，在社会治理各环节同信息网络融合，运用5G、工业互联网、区块链等，通过信息技术赋能传统社会治理转型升级，科技支撑区域社会治理新格局。本书契合区域创新环境优化需求，通过技术赋能解决呼包鄂乌社会治理数字化转型路径问题，探讨5G、区块链、物联网、大数据等数字化技术如何支撑现代社会治理格局，挖掘呼包鄂乌数字化社会治理转型的动力机制和障碍所在，探索科技—创新环境—数字化社会治理之间的耦合协调关系，提出呼包鄂乌数字化社会治理的目标模式和政策路径，供具体实践以对标，推动呼包鄂乌社会治理向精准化、网络化、数字化和协同化转型。

　　本书以呼包鄂乌社会治理数字化转型为切入点，基于区域科技治理现代化背景下对区域社会治理数字化转型的吁求，以治理理论和创新理论为理论依据，通过文献研究、调查研究、案例研究、比较研究、实证研究等方法，构建基于区域创新环境优化的呼包鄂乌社会治理数字化转型的理论解释框架；构建基于创新环境优化的呼包鄂乌数字化社会治理动力机制；构建呼包鄂乌数字化创新环境与数字化社会治理的测评体系；构建呼包鄂乌社会治理数字化转型目标模式和政策路径。

一、研究成果的主要内容

（1）构建理论脉络——创新环境优化、科技赋能与社会治理数字化转型。该部分对选题来源、研究思路和框架进行介绍。说明社会治理数字化转型的背景及必要性，构建理论框架，辨析创新环境优化、科技赋能与社会治理数字化转型三者之间的关系。研究将契合区域创新环境优化，对科技赋能视域下社会治理数字化转型的理论内涵框架和进路进行梳理，通过治理理论与创新理论回应呼包鄂乌社会治理体系研究的宏观制度设计和路径选择等问题，形成呼包鄂乌社会治理数字化转型理论分析框架和逻辑。

（2）探寻动力机制——呼包鄂乌社会治理数字化演进逻辑与动力机制。从科技赋能呼包鄂乌社会治理地方探索找出社会治理数字化转型的条件和逻辑，综合比较呼包鄂乌不同阶段的社会治理模式，理解数字化演进过程中呼包鄂乌的社会治理运行机制、创新环境发展形成的基本逻辑以及可能出现的社会治理的数字化转型策略。结合呼包鄂乌数字化转型发展的客观指标体系，进行呼包鄂乌数字化转型的内部差异和障碍度诊断，以定性和定量混合研究方法找出数字化转型的动力机制与影响因素。

（3）挖掘创新要素——呼包鄂乌创新环境优化与创新辐射作用的分析。区域协同发展形成创新共同体是呼包鄂乌城市群的重要目标。从呼包鄂乌城市群的规划来看，核心在于呼和浩特的首位度与包头、鄂尔多斯、乌兰察布之间的空间与功能维度的创新辐射的带动和共同发展构建作用。但是，当前呼包鄂乌在创新互动和共同体辐射方面存在较多短板，如何发挥城市群之间城市环境优化，推动创新源与辐射带动作用十分重要。基于此，研究通过创新数据与区域发展数据间的定性分析，找出创新影响要素和存在的问题并提出对策。

（4）耦合协调测度——呼包鄂乌社会治理数字化转型与创新环境优化耦合分析。对呼包鄂乌科技赋能社会治理数字化转型地方性探索部分进行个案研究，选取呼包鄂乌典型个案进行实证分析。通过实地调研与地区间的个案比较研究，从微观层面了解呼包鄂乌四地在探索社会治理数字化转型过程中面临的挑战和困境，5G、区块链、物联网、大数据等数字化技术对社会治理实践产生的影响，以及社会治理数字化转型探索同科技创新环境优化之间的关系。

（5）构建目标模式——呼包鄂乌社会治理数字化转型与创新环境优化的目标模式。从社会治理体系现代化的基本逻辑出发，结合治理理论框架，对呼包鄂乌社会治理数字化转型的依据和原则展开研究，从区域经济、现代产业体系、政务服务、公共安全和生态环境建设方面，提出构建区域社会治理共同体和社会合作治理格局，形成供实践对照的呼包鄂乌社会治理数字化转型的目标模式，并结合目标模式的技术支撑，从区域社会治理的数据整合、应用感知基础、数据标准技术、数据安全等方面，提出创新环境支撑的技术联动。

（6）形成政策体系——呼包鄂乌社会治理数字化转型与创新环境优化的政策路径分析。根据上述研究，从创新背景下呼包鄂乌多元社会治理主体职能优化，数字化社会治理制度保障、行动调适，数字化社会治理与颠覆性技术融合，区域协同运行机制等方面提出实现呼包鄂乌社会治理数字化转型目标模式的具体路径，包括加强区域数字化社会治理顶层设计和规划，建立健全科技创新与社会治理的合作机制，优化服务区域创新环境的社会治理体系，构建畅通创新体系运行的社会治理架构，提升创新主体社会治理数字化法治化能力，推进科技支撑社会治理风险治理能力现代化，大力借鉴先进城市经验。

二、研究成果的核心观点

（1）创新理论与治理理论融合探索破解"系统失灵困境"。从经济合作与发展组织（OECD）的监测来看，各国在实现既定目标中都遇到了一些阻碍，如创新主体间的资源争夺、创新政策的断链及负效应、创新环境不够完善导致资源配置率低，又称之为"系统失灵"困境。社会治理的相关策略为应对"失灵"而被引入创新系统之中，从创新的目标、任务和路径选择方面给出解决方案。

（2）呼包鄂乌城市群数字化转型的障碍制约因素为"数字+产业""生态环境治理数字化""数据基础"。从呼包鄂乌城市群数字化发展水平进行的障碍测度来看，呼包鄂乌数字化发展水平整体落后于全国平均水平，其中，数字产业发展明显落后于全国平均发展水平。四地在数字化转型进程中增速差异明显，区域发展不均衡。在数字基础设施层面中，增长速度排名为呼和浩特市＞乌兰察布市＞包头市＞鄂尔多斯市。在数字政府与数字社会的层面中，增长速度排名为乌兰察布市＞呼和浩特市＞鄂尔多斯市＞包头市。数字产业的层面中，增长速度排名为包头市＞乌兰察布市＞呼和浩特市＞鄂尔多斯市。从各指标对呼包鄂乌城市群数字化转型的障碍度结果可知，呼包鄂乌数字经济发展水平的障碍排名为：产业数字化＞政府服务数字化＞政府治理数字化＞数据基础＞基础化信息＞数字化政策规划＞数字产业化，障碍度分别为22.32%、17.56%、14.47%、12.98%、12.56%、11.82%和8.29%。

（3）呼包鄂乌城市能级差距、产业同质、城市功能定位与实际发展不符、人才流失等因素制约城市群创新发展。目前，呼包鄂乌城市群的创新网络缺乏强有力的创新节点和创新走廊。城市间能级分化较为严重，城市实际发展功能与规划发展之间失调。从各创新要素指标来看，四市之间的差距较大。从经济发展的规模和增速来看，科技创新要素在经济发展中的创新扩散还有进一步提升的空间。从城市群产业结构来看，四市的产额结构匹配呈现同质化发展，以先进制造为代表的创新产业占比极低。从创新的辐射效应来看，呼包鄂乌四地在技术转移和创新扩散中都未发挥科技投入优势。从人才发展和吸引的角度来看，公共服务水平不足，严重制约了人才的吸引，呼包鄂乌人才吸引方面的障碍排名依次为公共服务水平（21.70%）＞自然生态环境（18.47%）＞经济发展水平（17.35%）＞教育文化环境（16.29%）＞科技创新环境（15.83%）＞交通便利程度（10.36%）。可见，公共服务水平是呼包鄂乌城市群创新人才吸引需要克服的首要因素，需要通过一系列基于创新环境改善的社会治理体系建设与耦合协调发展。

（4）呼包鄂乌创新环境—科技资源—数字化社会治理耦合协同处于初级阶段，城市间耦合协调度差异较大。

一是呼包鄂乌技术赋能—数字化社会治理—创新环境优化系统整体进入起步阶段，整体的耦合协调度呈现出两极分化。二是呼包鄂乌数字化社会治理—技术赋能子系统呈现两极分化。三是呼包鄂乌数字化社会治理—创新环境子系统总体失调。四是呼包鄂乌技术赋能—创新环境子系统呈现出三级分化。呼和浩特进入起步阶段，其余三地都为萌芽阶段。耦合协调度除呼和浩特勉强协调，其余城市都是失调状态。技术赋能创新环境优化整体处于较为弱化的状态，亟待完善技术框架来优化整体的创新环境提升。

综上所述，呼包鄂乌城市群以社会治理数字化转型驱动创新发展迫在眉睫，呼包鄂乌城市群在一体化发展阶段需要围绕各地在发展阶段的不同问题，进行数字化社会治理发展阶段的辨识，构建基于呼包鄂乌地方性探索案例中呈现的动力机制之上的整体目标模式与发展路径，推动呼包鄂乌整体进入面向区域高质量发展的数字化社会治理转型，实现整体智治。

三、研究成果的对策建议

（1）明晰呼包鄂乌数字化转型的阶段特征与目标模式。社会治理数字化是一个涵盖基础条件、实现形式与实现目标的有机整体，是呼包鄂乌城市群融入自治区创新发展格局的重要突破口。从数字化转型演进阶段来看，呼包鄂乌区域数字化社会治理战略核心任务将经历从信息化发展到数据化发展再到智能化发展的三个阶段，对应呼包鄂乌区域社会治理未来信息交互—数据驱动—智慧整合演进历程。呼包鄂乌数字化社会治理的目标模式着眼于优化资源要素配置和生产力空间布局，聚焦数字经济转型、产业交互合作、公共服务优化、风险防控有力、生态安全保障的五位一体战略构建。

（2）洞察呼包鄂乌数字化转型中的技术支撑与联动。数字化社会治理转型的核心价值是通过数据高度集成赋能治理体系形成技术治理闭环的过程，借助数据驱动决策，形成数字化虚拟场景交互，利用数字化仿真与模拟，进行社会全领域治理，实现治理资源和要素的优化配置，开辟数字化社会治理新模式。但基于区域一体化的数字化社会治理并非易事，通过 IMABC 技术形成数据同社会治理孪生，再造数字化社会治理体系目标模式，即通过物联网技术（IoT）、5G 移动通信技术、人工智能（AI）、大数据（BIG DATA）和云计算（Cloud）等技术建构区域一体化数据共享、数据集成、数据标准和数据安全，综合数字化技术应用以支持和保障呼包鄂乌区域社会治理全面数字化转型需求。

（3）加强区域数字化社会治理的顶层设计和规划。在区域联动和一体化进程中，探索呼包鄂乌区域时空图推进规划合一，通过区域数字化社会治理赋能区域科技创新驱动发展，尤其探索布局 5G、5.5G、6G、量子通信、脑科学等前沿技术，启动以数字化转型为引领的呼包鄂乌社会治理创新生态圈建设，构建融合、安全、泛在的数字化基础设施，建立区域协同大数据应用发展管理机构，出台围绕数字化经济发展、产业交互、公共服务、生态治理、安全防范的产业经济政务激励政策，开展典型智慧场景应用，挖掘技术创新应用的社会土壤。

（4）构建畅通创新体系运行的社会治理架构。

一是推进呼包鄂乌城市群数字经济一体化建设。建立基于城市数字化发展维度下的经济运行基础数据库，构建基于区域宏观经济、微观经济、行业经济等一体化经济研判分析系统，构建基于数字经济要素的预测数据模型分析体系，围绕区域实时经济运行、经济发展质量、经济指标预测进行数据收集、数据挖掘、数据比对以及可视化、场景化分析。

二是构建数字化产业体系的核心在于加速应用工业互联网，推进制造业高质量发展。在布局产业体系数字化转型进程中，要洞察制造和生产模式转型，通过区域工业互联网政策、网络、平台的搭建推进区域产业形成集协同研发、众包设计、供应链协同等为一体的网络化协作，进一步推动个性化定制、服务化延伸与智能化生产，以数字技术为引领，将工业互联网全面覆盖产业链和创新链。

三是深入推进呼包鄂乌城市群服务业数字化转型，推动区域新基建建设，统筹各类云资源，推进制造业、能源业向"制造＋服务""能源＋服务"数字化转型，培育众包设计、智慧物流、新零售等新经济增长点。加速发展智慧农牧业，推进农业生产经营、牧业品牌推广和管理服务数字化改造。以营商环境优化推进产业融合，优化惠企惠产政策，实现"免申即享"，支持建立整合平台型企业服务商业运营统一平台，实现线上线下泛在互联和消费场景间融合互通。

四是整合区域社会治理政务数据资源，推动以智能化平台驱动呼包鄂乌区域政务服务、公共服务、资源配置等体系要素走向协同，形成政策引领、技术支撑、人才支持、资金投入、组织保障、评估反馈的有机闭环，形成呼包鄂乌区域数字化社会治理能力评估体系，挖掘科技支撑区域化社会治理的地方经验，调动基层工作人员的积极性。构建数字化政府体系，完善呼包鄂乌四市政务数据资源交换、共享与转换，对接区域政务信息系统优化升级，形成"智治"驱动区域决策的良好行政体制机制。

（5）借鉴先进省市科技支撑社会治理的经验。数字化社会治理事关区域创新高质量发展，是城市群营商环境和产业发展环境的整体较量，呼包鄂乌作为国家重点培育发展的中西部城市群任重道远。从各地开展的实践来看，长三角、京津冀等城市群都通过数字技术赋能区域社会治理新格局构建，长三角城市群通过数字技术优势，突破行政壁垒，形成区域电子证照互认，区域政务服务"一网通办"，构建常态化区域信息联动机制和平台，以数据开放促进区域社会共治，围绕呼包鄂乌智慧城市群建设、呼包鄂乌政务服务、呼包鄂乌生态环保等场景进行数字化转型。京津冀城市群通过数字化技术完善区域空间和功能整体布局，形成区域规划、经济转型、生态保护、公共服务、公共安全等领域同步数字化转型。先进城市群数字化转型为区域一体化高质量发展带来动力源示范作用，社会治理数字化转型对治理理念、治理结构、公共服务质量、体制机制运行流程、制度供给都产生了不可估量的深远影响，为区域发展战略提供了远景目标和工具策略，推动区域社会治理不断迭代和升级。

四、成果的学术价值、应用价值，以及社会影响和效益

（1）成果的学术价值。区域社会治理数字化转型是推动区域科技创新治理和治理体系现代化的重要保证。呼包鄂乌服务科技环境优化的社会治理体系是否科学、是否符合现代科技治理体系发展规律决定了呼包鄂乌创新驱动发展的有效程度。由此，可以从呼包鄂乌创新环境优化、科技赋能和社会治理数字化转型的研究中，丰富区域社会治理体系解读框架和视角，有助于揭示呼包鄂乌服务科技创新环境优化的社会治理数字化转型演进规律，以科技赋能为突破口建构呼包鄂乌社会治理数字化转型的理论框架，为区域社会治理体系建设和能力优化提供理论基础和学术参考。

（2）成果的应用价值。当前，呼包鄂乌面临区域创新驱动发展进行产业结构转型的挑战，亟待通过现代科技赋能社会治理数字化转型，优化区域创新环境，提升区域科技供给能力和创新能力。研究通过对现阶段区域社会治理能力进行评价和分析，研究制约区域社会治理创新能力的因素，提出发展建议对于区域社会治理数字化转型具有重要的实践价值。研究基于创新能力和科技服务的视角，从创新体系与社会治理数字化转型，提出如何通过技术赋能解决呼包鄂乌社会治理数字化转型路径问题，实现治理能力提升，推动科技赋能呼包鄂乌"智治社会"，推进社会治理的精准化、精确化、精细化、网络化、智能化和协同化转型，为呼包鄂乌区域协同社会治理决策提供政策依据和参考。

（3）成果的社会影响和效益。本课题形成 2 篇咨政报告，3 篇论文。其中，1 篇题为《黄河流域城市数字经济发展水平的指标测度研究》（*Research on the Index System of Cities' Digital Economy Development Level in the Yellow River Basin*）的论文参加 2022 年大数据经济与数字化管理国际学术会议（BDEDM 2022）。1 篇包头智库咨政专报《打造数字包头的障碍测度与对策建议》获得包头市副市长王秀莲的肯定性批示，王秀莲副市长批示指出："专报深入分析了包头市数字化转型发展的现状和存在问题，提出的对策建议针对性强，请市发改委、市工信局认真研究，在实际工作中参考借鉴，全面推动我市数字化转型发展。"其余成果，1 篇咨政报告和 2 篇论文在投稿中，咨政报告的题目为《打造呼包鄂乌数字经济高地的障碍分析与对策建议》，2 篇论文的题目为《基于科学知识图谱的数字化社会治理研究：演进趋势与创新方向》《我国民族地区社会治理知识图谱构建研究》。

任　捷

2022 年 4 月

目　　录

引　言

　　以科技支撑提升数字化社会治理能力赋能区域创新环境优化已经成为全球各国高度重视的区域社会治理战略。新一轮科技革命和产业变革、区域规划发展与加快转变经济社会发展方式形成历史交汇，为以数字化技术引领科技创新赋能社会治理体系和治理能力现代化提供重大机遇。在区域战略上，城市群发育、成长、壮大引导区域创新、资源和经济要素进一步集聚，城市群的辐射带动作用进一步发挥。数字化社会治理能力测度和提升能够很好地评价区域社会治理的真实情况，优化科技创新环境，促进科技创新不同环节治理的接续转换，加快创新要素的流动，促进创新绩效的提高。呼包鄂地区是沿黄经济带核心科技创新区域，伴随区域经济发展和科技创新吁求，"十四五"时期推动呼包鄂城市群进一步扩容，将乌兰察布市纳入其中，形成由呼和浩特市、包头市、鄂尔多斯市、乌兰察布市组成的城市群，城市相邻、距离较近、资源配置和要素组合较好的呼包鄂乌城市群，推动西部地区高质量发展。当前，呼包鄂乌区域发展方式主要依靠要素驱动、投资驱动发展经济，牺牲了能源资源和环境，面临着环境保护形势严峻、资源型产业亟待科技创新驱动转型升级、社会治理领域科技支撑不足等难题，迫切需要科学测度和评价基于创新优化背景下科技赋能数字化社会治理的耦合协调度与综合测度，提出呼包鄂乌通过聚集大量创新要素和资源支持优化区域科技创新和社会治理数字化转型，回应区域发展新格局构建和高质量发展诉求。社会治理数字化转型是以新型基础设施建设为重点，以新一代信息技术和数字化为核心，在社会治理各环节同信息网络融合，创新运用5G、工业互联网、物联网等，通过信息技术赋能传统社会治理转型升级，科技支撑区域社会治理新格局。本书契合区域创新环境优化需求，拟通过新基建下的技术赋能解决呼包鄂乌社会治理数字化转型路径问题，探讨5G、区块链、物联网、大数据等数字化技术如何支撑现代社会治理格局，优化呼包鄂乌社会治理路径，提升社会治理效能，持续改进科技环境治理，实现创新要素积聚，推动呼包鄂乌社会治理向精准化、网络化、智能化和协同化方向转型。

一、本书研究价值

（1）本书研究的学术价值。区域社会治理数字化转型是推动区域科技创新治理和治理体系现代化的重要保证。呼包鄂乌服务科技环境优化的社会治理体系是否科学、是否符合现代科技治理体系发展规律决定了呼包鄂乌创新驱动发展的有效程度。由此，可以从呼包鄂乌创新环境优化、科技赋能和社会治理数字化转型的研究中，丰富区域社会治理体系解读框架和视角，有助于揭示呼包鄂乌服务科技创新环境优化的社会治理数字化转型演进规律，以科技赋能为突破口建构呼包鄂乌社会治理数字化转型的理论框架，为区域社会治理体系建设和能力优化提供理论基础和学术参考。

（2）本书研究的应用价值。当前，呼包鄂乌面临区域创新驱动发展进行产业结构转型的挑战，亟待通过现代科技赋能社会治理数字化转型，优化区域创新环境，提升区域科技供给能力和创新能力。研究通过对现阶段区域社会治理能力进行评价和分析，研究制约区域社会治理创新能力的因素，提出发展建议，对于区域社会治理数字化转型具有重要的实践价值。研究基于创新能力和科技服务的视角，从创新体系与社会治理数字化转型，提出如何通过技术赋能解决呼包鄂乌社会治理数字化转型路径问题，实现治理能力提升，推动科技赋能呼包鄂乌"智治社会"，推进社会治理的精准化、精确化、精细化、网络化、智能化和协同化转型，为呼包鄂乌区域协同社会治理决策提供政策依据和参考。

二、本书研究内容

本书研究的根本目的在于立足区域创新环境优化需求，从呼包鄂乌社会治理数字化演进过程中的条件和逻辑着手，通过科技赋能社会治理智治体系现代化，提出呼包鄂乌社会治理数字化体系构建设想，给呼包鄂乌社会治理智治实践以参照。本研究以呼包鄂乌社会治理数字化转型为切入点，基于区域科技治理现代化背景下对区域社会治理数字化转型的吁求，以治理理论和创新理论为理论依据，通过文献研究、调查研究、历史研究、比较研究、实证研究等方法，构建基于区域创新环境优化的呼包鄂乌社会治理数字化转型的理论解释框架；构建基于创新环境优化的呼包鄂乌数字化社会治理动力机制；构建呼包鄂乌服务科技创新数字化社会治理的测评体系；构建呼包鄂乌社会治理数字化转型目标模式和政策路径。

第一部分：理论脉络——创新环境优化、科技赋能与社会治理数字化转型。该部分对选题来源、研究思路和框架进行介绍，即第一章。说明社会治理数字化转型的背景及必要性，构建理论框架，辨析创新环境优化、科技赋能与社会治理数字化转型三者之间的关系。研究将契合区域创新环境优化，对科技赋能视域下社会治理数字化转型的理论内涵框架和进路进行梳理，通过治理理论与创新理论回应呼包鄂乌社会治理体系研究的宏观制度设计和路径选择等问题，形成呼包鄂乌社会治理数字化转型理论分析框架和逻辑。

第二部分：动力机制——呼包鄂乌社会治理数字化演进逻辑与动力机制。该部分对应本书第二章内容，从科技赋能呼包鄂乌社会治理演进找出社会治理数字化转型的条件和逻辑，综合比较呼包鄂乌不同阶段的社会治理模式，理解数字化演进过程中呼包鄂乌的社会治理运行机制、创新环境发展形成的基本逻辑以及可能出现的社会治理的数字化转型策略。结合呼包鄂乌数字化转型发展的客观指标体系，进行呼包鄂乌数字化转型的内部差异和障碍度诊断，以定性和定量混合研究方法找出数字化转型的动力机制与影响因素。

第三部分：创新要素——呼包鄂乌创新环境优化与创新辐射作用的分析。该部分对应本书第三章内容，区域协同发展形成创新共同体是呼包鄂乌城市群的重要目标。从呼包鄂乌城市群的规划来看核心在于呼和浩特市的首位度与包头市、鄂尔多斯市、乌兰察布市之间的空间与功能维度的创新辐射带动和共同发展构建作用。但是，当前呼包鄂乌在创新互动和共同体辐射方面存在较多短板，如何发挥城市群之间创新要素的溢出效应，推动创新源与辐射带动作用十分重要。基于此，研究通过创新数据与区域发展数据间的定性分析，找出创新影响要素和存在的问题并提出对策。

第四部分：耦合测度——呼包鄂乌科技赋能社会治理数字化转型耦合分析。对呼包鄂乌科技赋能社会治理数字化转型地方性探索部分进行个案研究，选取呼包鄂乌典型个案进行实证分析，即本书的第四章内容。通过实地调研与地区间的个案比较研究，从微观层面了解呼包鄂乌四地在探索社会治理数字化转型过程中面临的挑战和困境，5G、区块链、物联网、大数据等数字化技术对社会治理实践产生的影响，以及社会治理数字化转型探索同科技创新环境优化之间的关系。

第五部分：模式构建——呼包鄂乌社会治理数字化转型的目标模式构建。该部分对应本书第五章内容，从社会治理体系现代化的基本逻辑出发，结合治理理论框架对呼包鄂乌社会治理数字化转型的依据和原则展开研究，从区域经济、现代产业体系、政务服务、公共安全和生态环境建设方面，提出构建区域社会治理共同体和社会合作治理格局，形成供实践对照的呼包鄂乌社会治理数字化转型的目标模式，并结合目标模式的技术支撑，从区域社会治理的数据整合、应用感知基础、数据标准技术、数据安全等方面，提出创新环境支撑的技术联动方案。

第六部分：政策体系——呼包鄂乌社会治理数字化转型与创新环境优化的政策路径分析。根据上述研究，本书第六章从创新背景下呼包鄂乌多元社会治理主体职能优化，数字化社会治理制度保障、行动调适，数字化社会治理与颠覆性技术融合，区域协同运行机制等方面提出实现呼包鄂乌社会治理数字化转型目标模式的具体路径，包括加强区域数字化社会治理顶层设计和规划，建立健全科技创新与社会治理的合作机制，优化服务区域创新环境的社会治理体系，构建畅通创新体系运行的社会治理架构，提升创新主体社会治理数字化法治化能力，推进科技支撑社会治理风险治理能力现代化，大力借鉴先进城市经验。

三、本书研究的重点难点

（1）呼包鄂乌社会治理数字化转型影响因素分析和测评体系构建，突破数据的可获取性限制，选取和构建具有明确模式导向基于区域创新优化服务的社会治理数字化转型测评体系的影响因素，为区域社会治理和科技创新治理走向现代化提供理论和实证引导。研究重点致力于构建基于区域创新环境优化的呼包鄂乌社会治理数字化转型的理论框架，通过呼包鄂乌区域创新环境优化与社会治理数字化转型之间的关系梳理，提出呼包鄂乌社会治理数字化转型的目标模式，以理论理想类型建构给具体实践以对标参考。

（2）基于创新理论和治理理论探讨呼包鄂乌区域环境创新、科技赋能与社会治理数字化转型的内在机制，构建理论框架和实证理论模型。在理论研究、测算研究以及实证研究的基础上，根据呼包鄂乌社会治理数字化转型地方性探索进行的影响因素分析，挖掘基于影响因素背后的动力机制，分析并细分基于创新环境优化呼包鄂乌社会治理数字化转型的测评体系，为呼包鄂乌科技创新治理能力和体系现代化实践探索以理论参考。

四、本书研究思路与方法

（一）研究思路及框架（见图 0-1）

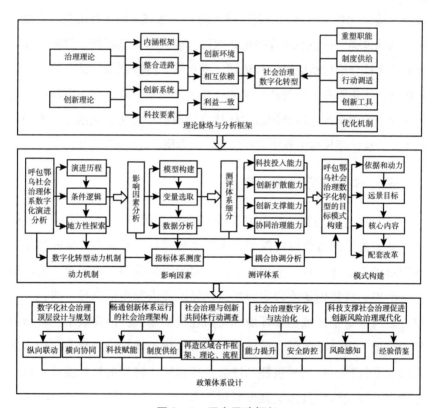

图 0-1　研究思路框架

（二）研究方法

（1）呼包鄂乌社会治理数字化转型的理论框架、目标模式、具体路径将应用文献研究法演绎归纳，通过中国知网（CNKI）进行文献归纳，综合运用 CiteSpace 进行文献综述，说明社会治理数字化转型的背景及必要性，构建基于治理理论与创新理论的理论框架，辨析重要概念，研究学界对呼包鄂乌区域创新环境优化、科技赋能和社会治理数字化转型的理论探索和实践经验。

（2）呼包鄂乌社会治理体系数字化演进分析将应用案例研究方法和比较研究方法，就呼包鄂乌社会治理的地方性探索来找出社会治理数字化转型的条件和逻辑，综合比较呼包鄂乌不同阶段的社会治理模式和背后的动力机制。同时，通过专利数据、产业规模数据、科技数据等进行呼包鄂乌创新要素和扩散效应的比较分析。

（3）呼包鄂乌科技赋能社会治理数字化转型探索应用定性研究方法和定量研究方法对各地数字化社会治理探索进行实地调研，对已有的地方性试验探索进行观察和分析，针对调研数据和政府公开的大量统计数据，利用数据处理软件，进行实证分析，找出区域社会治理数字化转型的影响因素，构建科技赋能创新环境优化背景下的呼包鄂乌社会治理数字化测评体系。

五、本书研究创新之处

第一，学术思想的创新。整合与凝练呼包鄂乌创新环境优化、科技赋能与社会治理数字化转型的历史演化和模式构建，使相关理论分析更加明确和具有针对性。

国内外学者多维度多角度对创新环境优化科技赋能社会治理体系进行研究，观点相对分散，就该体系某一部分进行研究，没有形成一套完整的理论体系。本书基于国家治理现代化对区域社会治理现代化的吁求，将呼包鄂乌创新环境优化、科技赋能和社会治理数字化转型的体系和模式构建进行关联解读和梳理分析，继承相关已有研究的同时又改进了国内外学者关于区域协同发展中社会治理数字化转型的研究思想。

第二，学术观点的创新。结合治理现代化思考区域科技创新治理与社会治理之间的关系，通过定量和定性研究，提出基于区域创新环境优化科技赋能的社会治理数字化转型路径。

区域社会治理体系的调适性改革和发展如何同治理体系现代化相呼应，表现的样态如何，可以揭示出科技创新环境优化与数字化转型的回应机制，进而可以探索区域社会治理体系数字化转型的动力与模式，以及如何发展具有呼包鄂乌区域特色的社会治理数字化转型模式，为建立符合数字时代下区域创新协同发展需要的社会治理模式提供可能的启迪和借鉴。

第三，研究方法的创新。通过定量和定性研究方法的结合，构建能够更为真实反映区域社会治理数字化转型的测评体系和可供区域社会治理实践参考的目标模式。

目前，学界对呼包鄂乌区域创新环境优化、科技赋能和社会治理数字化转型的相关研究，多聚焦其中一个维度，针对三者之间关系进行研究的较少。学界多采用实证方法或定性研究，将二者结合起来进行系统研究的比较匮乏。单从某一维度或方法展开的相关研究，很难从整体上反映呼包鄂乌创新环境优化与社会治理数字化转型探索全貌，区域社会治理实践缺乏可参照的测评体系和目标模式。因此，通过定性和定量方法的结合进行相关影响因素分析和测评体系构建并进行理论模型检验，能够更为准确地把握区域创新环境优化、科技赋能和社会治理数字化转型之间的关系，构建更为科学并可供实践以参考的目标模式，提出具有可行性的政策路径。

创新环境优化、科技赋能
与社会治理数字化转型

社会治理数字化转型聚焦全方位一体化整体性区域社会治理转型，是把数字化发展作为"十四五"一项重大举措的呼应。从全球各国区域社会治理战略来看，5G、人工智能、大数据和区块链成为全球各国政府高度重视的战略性前沿技术，应将社会治理领域中的数字政府、数字身份体系、公共管理和服务、能源环境、城市管理等作为区域社会治理转型优先部署重点方向，积极探索法制框架下数字化社会治理新生态，推进社会治理数字化转型，不仅有利于科技创新在畅通区域循环社会治理格局中发挥关键作用，推动区域基础设施和公共服务体系供给和需求平衡，促进区域人口、经济、资源和环境可持续发展，并且有利于推动区域新型城镇化和城乡区域协调发展，提升区域整体竞争力，带动创新环境优化。

一、技术赋能数字化社会治理相关文献与研究述评

（一）数据来源和研究方法

数字中国建设视域下我国社会治理的数字化转型问题不仅受到了国家层面的高度重视，也受到了国内政治学、公共管理学、社会学、

计算社会科学等领域的重点关注。从图 1 - 1 来看，国内关于数字化社会治理的研究整体呈上升趋势。由于社会治理数字化转型是面向智慧社会的必经阶段，同新发展格局构建与全维度高质量发展密切相关，学界对该主题高度关注。根据文献的关键词演进，本研究依据主题检索对 CNKI 期刊库进行检索（检索时间为 2021 年 12 月 2 日），将检索条件设置为（SU = 数字 + 社会治理）OR（SU = 智慧 + 社会治理）OR（SU = 技术 + 社会治理）OR（SU = 技术治理 + 社会治理）。通过 CSSCI 和北大核心期刊检索共得到 1532 篇文献，在筛选重复、无关键词文献、书评等其他非学术文献之后，得到 1152 篇文献作为研究对象，作为文献计量研究所需数据，构建数字化社会治理的知识图谱，挖掘该领域的演进趋势与创新方向。

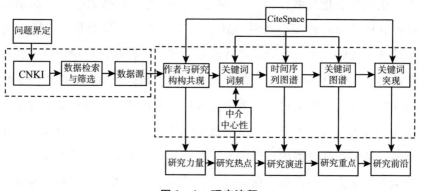

图 1 - 1　研究流程

本研究使用 V. 5. 8. R2（64 - bit）的 CiteSpace 软件，对收集的 1152 条文献数据源进行分析，寻找当前我国数字化社会治理研究呈现的一般性规律。结合 CiteSpace 的文献计量功能，可展示出我国数字化社会治理的知识图谱延展全景，但存在文献内容剖析不足的问题。研究基于 CiteSpace 文献计量分析的优势与不足，在进行数字化社会治理知识图谱绘制的同时解读和评述该主题相关文献的重点内容、热点话题、历史演进与前沿方向等内容，通过文献计量的知识图谱分析与思辨论证研究有机结合，从主客观维度对我国数字化社会治理的研究规律给予学理观察和谱系构建。

研究将通过图1-1所示流程展开分析，一是通过CNKI数据库中关于数字化社会治理主题文献数据源，进行筛选和剔除，确定研究所需文献样本，即2006~2021年收录的符合主题要求的我国数字化社会治理研究的文献，结合样本进行宏观分析。二是通过参数设置和面板分析，进行"数字化社会治理"主题的关键词聚类分析、时间线分析、频数和中介中心性分析，以及突现性检测，绘制反映数字化社会治理研究规律的知识图谱。三是思辨论证图谱所挖掘的文献信息，根据"数字化社会治理"的研究重点、热点、演进，探讨我国数字化社会治理的主题关注、研究趋势和创新方向。

（二）国内数字化社会治理研究的时序分布与研究力量

自2006年至2021年，数字化社会治理主题文献量和文献累积量显著增长，如图1-2所示，2016年较2015年增长64.8%。特别是

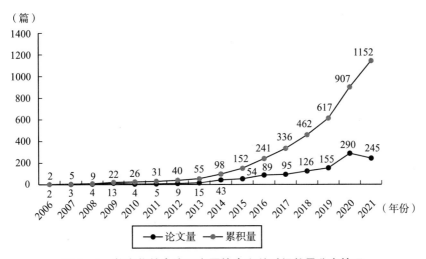

图1-2 数字化社会治理主题检索文献时间数量分布情况

2020 年，发文量进入高位水平，与 2019 年相比增长 87%。数字化社会治理围绕数字技术的嵌入探讨治理的有效性、治理体系构建、治理逻辑和治理共同体实现等理论探索，相关文献数量不断增多。

（三）数字化社会治理研究力量共现图谱

根据数字化社会治理主题相关的研究者和研究机构在知识图谱上的共现，研究发现该领域的研究力量的贡献程度和影响，以及机构与作者间的合作。设 CiteSpace 时间切片为 1 年，Top N 阈值设为 N = 50，Q 值为 0.9907，S 值为 0.9933，Harmonic Mean（Q，S）为 0.992，形成研究者与机构的混合数字化社会治理研究力量共现图谱，如图 1 – 3 所示。

从数字化社会治理的研究者与研究机构混合共现图谱可以得出以下结论：一是数字化社会治理领域的高产作者包括张康之、丁元竹、张成岗、孟天广、王芳、马亮等人，他们的专著论述、基金项目、成果数量丰富且被引频次较高，是该领域的重要研究力量。二是数字化社会治理的研究力量主要集中在高校、科研院所等，且多集中在社会学、公共管理学、政治学、传播学等领域，如中国人民大学公共管理学院、中国社会科学院政治学研究所、清华大学社会科学学院、国家行政学院、南开大学网络社会治理研究中心、上海交通大学国际与公共事务学院、南京大学服务型政府研究所等。三是数字化社会治理研究领域学者形成了一定的合作趋势，从图谱可知，以高产作者为核心的数字化社会治理研究中心，在向外辐射带动更多的机构和作者形成"数字化社会治理"主题研究的交互，如中国人民大学公共管理学院、清华大学社会科学学院、华中科技大学公共管理学院形成作者与机构之间的聚类，说明这些高校间的合作与研究较为紧密，有助于数字化社会治理形成合作研究的趋势。但是图谱中也显示出该领域中部分研究力量较为分散，需要进一步凝练团队与合作，形成数字化社会

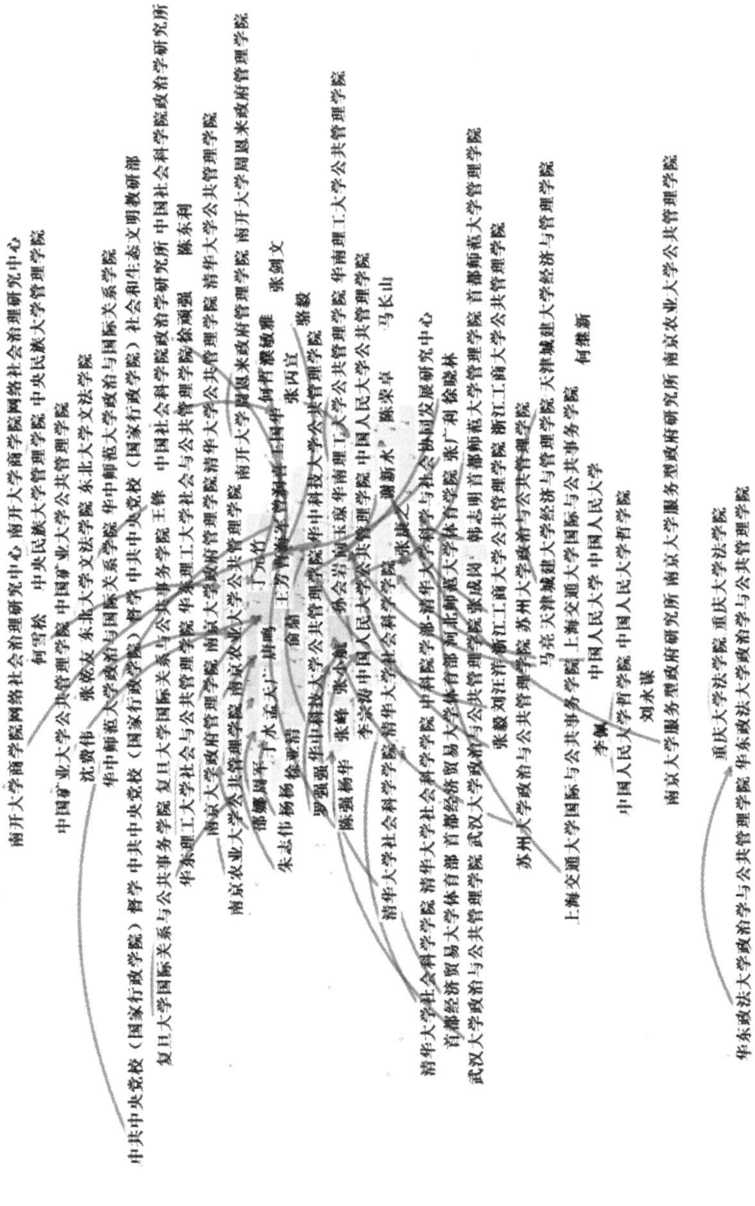

图1-3 数字化社会治理的研究者与研究机构混合共现图谱

治理更为深入和整合的创新研究态势。

当前，我国数字化社会治理这一研究主题处于学术研究爆发期，自2019年以来形成丰富的理论成果，出现了诸多高被引文章，如表1-1所示，张康之在2014年发表的《论主体多元化条件下的社会治理》截至2021年12月2日共被引621次，被下载18274次。该文注意到我国经济体制改革在取得长足进步下，社会治理创新要适应社会治理主体多元化的现实要求，服务于新型社会体制建设的目标，通过服务型政府建设来创新社会治理。另一篇高被引文章为王雨磊在2016年发表在《社会学研究》上的名为《数字下乡：农村精准扶贫中的技术治理》一文，截至2021年12月2日共被引387次，被下载16079次，该文通过田野调查发现数字悬浮于基层社会治理过程和村庄社会生活。根源于数字生产链条漫长，数字使用者和生产者难以面对面互动，必须求助多重发包的数字生产体制，而这个生产体制中不同主体的行动逻辑大相径庭。从上述高被引文献来看，重点在于回应我国社会、经济、科技发展变迁中对社会治理的诉求，对于厘清我国社会治理、社会治理创新以及数字技术应用下的治理现状、治理路径与逻辑以及内在机理等的理论研究与探索作出贡献。

表1-1 高被引文献、作者及期刊

序号	文献名	作者	期刊	年份	被引次数
1	《论主体多元化条件下的社会治理》	张康之	中国人民大学学报	2014	621
2	《数字下乡：农村精准扶贫中的技术治理》	王雨磊	社会学研究	2016	387
3	《城市社会管理网格化模式的定位及其未来》	田毅鹏	学习与探索	2012	264

序号	文献名	作者	期刊	年份	被引次数
4	《从网格化管理到网络化治理——城市社区网格化管理的实践、发展与走向》	陈荣卓，肖丹丹	社会主义研究	2015	234
5	《网格化管理模式再审视》	孙柏英，于阳铭	南京社会科学	2015	227
6	《数字政府治理——基于社会形态演变进程的考察》	戴长征，鲍静	中国行政管理	2017	172
7	《风险社会及其有效治理的战略》	张成福，谢一帆	中国人民大学学报	2009	157
8	《"全球风险社会"治理：复杂性范式与中国参与》	范如国	中国社会科学	2017	150
9	《新常态下的公共管理：困境与出路》	张再生，白彬	中国行政管理	2015	157
10	《推进"互联网＋政务服务"提升政府服务与社会治理能力》	陈涛、董艳泽、马亮、梅冬芳、张锐昕等	电子政务	2016	136

（四）数字化社会治理研究的知识图谱

通过我国数字化社会治理的研究者和机构混合共现，分析该领域的主要研究量，结合我国数字化社会治理的关键词聚类进行研究重点考察，围绕关键词的词频和中介中心性探讨数字化社会治理的研究热点，再进一步围绕关键词时序图谱提出我国数字化社会治理的演进逻辑和创新方向。

1. 数字化社会治理研究的关键词特征

对"数字化社会治理"主题研究热点的把握，有助于帮助该领域研究者梳理社会治理数字化转型研究脉络，探索研究趋势演进方向。

从文献计量学的相关理论来看，特定时间范围内研究热点往往通过特定的关键词词频反映，可通过中介中心性进行评判。因此，如表1-2所示，研究根据 Network Summary Table（网络信息汇总表）所呈现的"数字化社会治理"主题关键词信息，筛选并抽取频数前15位的关键词，中介中心性前15位的关键词。

表1-2　　　　　　　　数字化社会治理关键词特征分析表

（频数 TOP15 和中介中心性 TOP15）

序号	关键词	频数	序号	关键词	中介中心性
1	社会治理	309	1	社会治理	0.88
2	大数据	95	2	大数据	0.20
3	人工智能	64	3	技术治理	0.10
4	技术治理	49	4	网络社会	0.10
5	社区治理	38	5	电子政务	0.08
6	网络社会	33	6	人工智能	0.06
7	基层治理	32	7	国家治理	0.06
8	国家治理	32	8	大数据时代	0.06
9	数字治理	23	9	社区建设	0.06
10	精准治理	23	10	社区治理	0.05
11	智慧社会	22	11	网络社会治理	0.05
12	智慧治理	21	12	大数据技术	0.05
13	治理现代化	21	13	社会治理创新	0.04
14	政府治理	21	14	社会风险	0.04
15	区块链	21	15	网络舆情	0.04

资料来源：根据 CiteSpace 软件关键词频数和中介性结果整理。

一是基于技术治理的社会治理路径与逻辑的相关研究。根据表1-2可知，"社会治理"出现的频次为309，中介中心性为0.88，

"大数据"出现的频次为95，中介中心性为0.2，"技术治理"出现频次为49，中介中心性为0.1，"人工智能""电子政务""数字治理""区块链"等代表技术维度的关键词出现，说明在数字化社会治理的研究中，基于技术维度的社会治理路径及嵌入逻辑是众多学者关注的话题。如学者吴旭红、章昌平[①]等对南京市社会治理中的四个案例进行田野调查和案例研究，认为基层社区的治理行为主要取决于所采用的治理技术，在"技术"与"场景"的互动中，"权力技术""信息技术""行政技术""混合技术"等不同治理技术在治理主体、任务、资源配置及运行方式方面呈现出差异化的特征。这种特征的指引无疑可以为基层社会治理的技术适配路径提供指引与参照。在技术治理的探索中，有学者结合数字技术发展前沿，进一步探讨城市治理进程中的治理困境与对策，学者向玉琼、谢新水[②]围绕智慧城市的发展方向数字孪生治理阐述了"虚拟空间"与"现实空间"交互的概念和实践构想，认为数字孪生城市治理同样面临技术、思维、组织与价值的困境，需要结合顶层设计、人民主体性的价值定位、城市治理组织与结构优化以及技术与人的合作分工中予以完善和优化。

二是基于治理现代化的智慧社会与社区治理的相关研究。从表1-2可看出，"社区治理""社区建设""基层治理""智慧社会""智慧治理""社会治理创新"等关键词的频数和中介中心性较高，表明面向治理现代化的社区治理与智慧社会探索受到较多的关注。数字时代社会治理的演进逻辑是从数字化社会治理迈向智慧化社会治理，如学者陈水生[③]指出城市智慧治理是融技术创新、算法至上、数

① 吴旭红，章昌平，何瑞. 技术治理的技术：实践、类型及其适配逻辑——基于南京市社区治理的多案例研究［J/OL］. 公共管理学报：1-19［2021-12-02］
② 向玉琼，谢新水. 数字孪生城市治理：变革、困境与对策［J］. 电子政务，2021（10）：69-80.
③ 陈水生. 迈向数字时代的城市智慧治理：内在理路与转型路径［J］. 上海行政学院学报，2021，22（5）：48-57.

据驱动以及效能导向为一体的城市治理新形态，需要从治理的理念、制度、工具以及模式方面系统转型，以提升城市治理的人性化、智能化、便捷与效能化水平。学者陈涛、罗强强①围绕"韧性城市""韧性社区"理论，认为在现代风险社会中，依托数智治理的韧性治理可以发现城市应急治理的因应与调试，其中特别强调了数字技术应用场景等行动策略在改善城市应对突发公共风险下的结构、功能与优势。

三是基于网络社会与社会风险演进的相关研究。从表1-2来看，"网络社会""网络社会治理""社会风险""网络舆情"等关键词的频数出现较高，进入前15名，表明数字化社会治理研究中基于网络社会和社会风险演进的相关研究成为该领域的热点话题。如学者金晓燕、任广乾②等通过网络社会的个体行为匿名性、正反馈以及以小博大等特征，指出诱发网络社会集体行为中的风险与博弈，并为网络社会集体行为疏导提供了理论视角和决策参考。如学者袁宇阳、张文明③指出数字化技术广泛应用于智慧乡村发展建设的同时，也让智慧乡村面临技术不适用、市场风险、数字化不平等、智慧治理与传统乡村治理间的规则冲突、治理权垄断等潜在风险。尤其在伦理层面，乡村面临社会交往的衰落、隐私泄露以及技术支配等风险，这些风险的应对需要通过技术、服务和数字化知识下乡、复合型乡村治理以及以人为本的智慧乡村伦理原则等举措，以推动乡村的智慧化进程健康可持续。

2. 数字化社会治理研究的时间线图谱

从 CiteSpace 的时间序列图谱可知该研究领域在不同时间段的衍

---

① 陈涛，罗强强. 韧性治理：城市社区应急管理的因应与调适——基于 W 市 J 社区新冠肺炎疫情防控的个案研究［J］. 求实，2021（6）：83-95.
② 金晓燕，任广乾，刘莉. 网络社会集体行为中的先驱者跟随者模式及其协调机制研究［J］. 情报杂志，2021，40（7）：114-121.
③ 袁宇阳，张文明. 智慧乡村发展中的潜在风险及其规避策略研究［J/OL］. 电子政务：1-10［2021-12-02］.

生轨迹，涵盖时间维度的热点主题和变化趋势，从不同关键词的时间跨度可知研究的路径与脉络。从图1-4可见，2006～2021年数字化社会治理主题研究的时间序列图谱直观呈现了该领域的主题关注变化。研究根据数字化社会治理的关键词特征，结合数字化社会治理的时间序列图谱和文献数量的时间分布，认为国内数字化社会治理的研究路径演进大致经历了三个重要发展阶段，分别是"2006～2015年"后工业化进程中社会治理信息化转型的关注，"2016～2019年"技术演进中社会治理数字化转型的关注，"2020年至今"通往智慧化社会治理演进的关注。

　　一是后工业化进程中社会治理信息化转型的关注。自2006年以来，数字化社会治理研究进入图1-4所示的后工业化进程中的社会治理信息化转型期，这一时期的学者关于该主题的发文量相对较少，更多是围绕信息社会演进中的风险伦理、社会功能与结构进行探讨。如关于后工业化进程中社会结构危机的探讨，具有代表性的学者张康之[①]认为人类当前要探索道德制度建设的可能性，源于社会整体进入一个空前复杂与不确定性状态，社会治理结构带来的危机将整个社会置于"风险社会"的状态，从属于工具理性的工业社会治理体系，其形式化与抽象化决定必须祛除实质理性的"巫魅"[②]。此后，他进一步分析了自20世纪80年代以来，人类进入了全球化、后工业化进程，社会复杂性和不确定性激增，风险和危机以前所未有的形式挑战社会治理。他特别指出，"在后工业化时代，技术的社会功能发生变化，用来解决问题的技术也同时在制造问题"[③]，唯有通过社会治理

---

① 张康之. 试论后工业化进程中的结构危机 [J]. 华中师范大学学报（人文社会科学版），2006 (5)：31-36.
② 张康之. 论社会治理体系"返魅"的路径 [J]. 南京社会科学，2006 (3)：34-40.
③ 张康之. 论高度复杂性条件下的社会治理变革 [J]. 国家行政学院学报，2014 (4)：52-58.

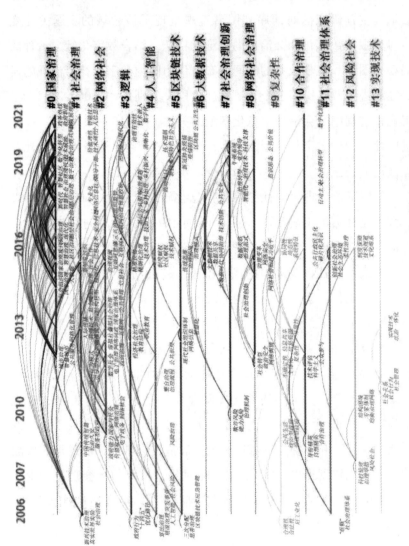

图1-4 2006~2021年数字化社会治理的时间线图谱

方式方法的创新，才能走在历史进步的前沿。

二是技术演进中社会治理数字化转型的关注。在这一时期，网络化治理、整体性治理和数字治理理论成为当代治理理论的三种主流治理模式。学界围绕技术的演进对社会治理实践和理论研究转型过程中的关注点展开理论探索，如社会治理的主体、路径、风险以及手段等。学者韩兆柱、单婷婷①从理论的背景与走向指出三种治理模式都主张利用好数字时代机遇，推动政府组织结构的扁平化，奉行公共价值核心追求且以公民需求和结果为导向，实现善治。学者郁建兴②等认为网格化管理模式作为信息化社会治理的典型应用，源于数字化信息管理，旨在跳出治理碎片化的桎梏，协调管理对象间的关系，有效进行信息互通交流和数据共享。围绕理论探讨和实践模式的创新，越来越多的学者关注到数字技术与社会治理的深度融合，尤其是在国务院印发《促进大数据发展行动纲要》之后，学者吴湛微、禹卫化③基于多案例分析对国外"大数据社会福祉"运动进行探索性研究，总结为四种模式，即开放大数据、大数据沟通、大数据决策和大数据群体智慧。此后，学者王莹、孟宪平④通过"互联网＋社会治理"探讨国家治理能力现代化建设的新路径在于适应信息化为载体的网络信息社会特质、运行模式与手段。学者张成岗、黄晓伟等⑤聚焦信息技术扩散及风险治理对信息技术代表样本进行调查，指出在科技治理能力现代化建设中，应充分考虑新技术扩散带来的社会风险与如何化解的

---

① 韩兆柱，单婷婷. 网络化治理、整体性治理和数字治理理论的比较研究［J］. 学习论坛，2015，31（7）：44 – 49.

② 秦上人，郁建兴. 从网格化管理到网络化治理——走向基层社会治理的新形态［J］. 南京社会科学，2017（1）：87 – 93.

③ 吴湛微，禹卫华. 大数据如何改善社会治理：国外"大数据社会福祉"运动的案例分析和借鉴［J］. 中国行政管理，2016（1）：118 – 121.

④ 王莹，孟宪平. 论"互联网＋社会治理"背景下国家治理能力现代化的建设［J］. 电子政务，2017（9）：93 – 100.

⑤ 张成岗，张仕敏，黄晓伟. 信息技术、数字鸿沟与社会公正——新技术风险的社会治理［J］. 中国科技论坛，2018（5）：136 – 144.

问题。在探索风险的同时，学界也展开了基于人工智能与社会治理的研究，如学者孟天广①等认为"智能化社会治理"意指运用大数据努力推动社会治理网络化、智能化和系统化。

三是通往智慧化社会治理演进的关注。当前"十四五"规划和《中共中央国务院关于加强基层治理体系和治理能力现代化建设的意见》聚焦"构建基层社会治理新格局"和基层治理战略，指出互联网广泛应用促进了公共服务的便利和社会结构的扁平化②。习近平总书记进一步指出，把满足人民对美好生活的向往作为科技创新的落脚点，把惠民、利民、富民、改善民生作为科技创新的重要方向③。学者费艳颖、刘彩薇④认为以"智"谋"祉"的价值目标和以"智"图"治"的价值功能是习近平人工智能重要论述的逻辑旨归。习近平总书记指出，人工智能应同保障和改善民生相结合，实现人工智能＋教育、＋医疗、＋交通等领域的深度应用⑤。围绕国家在宏观层面智慧社会的构建与布局，此后，也有学者对智慧社会的理论论证进行了思考。学者何明生⑥将智慧社会界定为以"智慧管理器"为中介系统的智能化社会活动场域和自主回应型社会运行样态，他认为智慧社会的总体样貌和特定样态表现为"域社会"语境下"智慧网络""智慧项目"，关于智慧社会的理论难点在于智慧社会是不是一种新的社会类型，"智慧管理器"能否成为责任主体以及智慧社会如何治理等，这些问题都将成为社会治理智慧化研究演进中的探索方向。

---

① 孟天广，赵娟. 大数据驱动的智能化社会治理：理论建构与治理体系 [J]. 电子政务，2018 (8)：2 - 11.

② 丁元竹. 构建中国特色基层社会治理新格局：实践、理论和政策逻辑 [J/OL]. 行政管理改革：1 - 20 [2021 - 11 - 29].

③⑤ 习近平. 在中国科学院第十九次院士大会、中国工程院第十四次院士大会上的讲话 [M]. 北京：人民出版社，2018：12.

④ 费艳颖，刘彩薇. 习近平人工智能重要论述：发轫理路、逻辑结构及理论特色 [J]. 理论学刊，2021 (4)：5 - 13.

⑥ 何明升. 智慧社会：概念、样貌及理论难点 [J]. 学术研究，2020 (11)：41 - 48.

3. 数字化社会治理研究的关键词图谱

图 1-5 为数字化社会治理的关键词聚类图谱，图谱中涵盖 562 个网络节点，1929 条连线，密度为 0.0122，Modularity Q 为 0.6261，S 值为 0.829，聚类结果较为合理。

图1-5　国内数字化社会治理关键词聚类图谱

图 1-5 中"社会治理""大数据""人工智能""电子政务""智慧治理""技术治理""智能化""信息技术""基层治理""数字政府"等关键词出现在聚类的中心，呈现出研究向深度应用领域"智能化""区块链技术""政务热线""接诉即办""一网通办"

"数据共享""业务协同"等关键词纵向层次延展，还可以看出关键词聚类向价值伦理"社会公平正义""维护社会稳定""法治秩序"等关键词横向拓展，尤其在关键词"新冠肺炎疫情"方向突出的聚类延展，针对"疫情防控"所突出的"算法治理""算法决策""算法隐忧""数据智慧"等研究关注点，以及围绕"基层社会治理"的"网格化管理"进行的"共建共治共享""数字化转型""精准治理"等相关重点关注主题的研究走向。通过数字化社会治理关键词图谱可知，该领域涵盖 14 个主要聚类，包括国家治理（#0）、社会治理（#1）、网络社会（#2）、逻辑（#3）、人工智能（#4）、区块链技术（#5）、大数据技术（#6）、社会治理创新（#7）、网络社会治理（#8）、复杂性（#9）、合作治理（#10）、社会治理体系（#11）、风险社会（#12）、实现技术（#13）。研究围绕这些聚类进行比较和分析，结合国内数字化社会治理的演进趋势，可将这 14 个聚类分别从时间线图谱所呈现出的时间和空间分布维度进行划分，分别基于技术与社会治理、网络社会治理、社会治理创新、风险社会四个维度进行4 组编码，如表 1 - 3 所示。

表 1 - 3　　　　　　数字化社会治理关键词聚类主题

主题	关键词聚类序号	关键词聚类名称
技术与社会治理	#0、#1、#3、#4、#5、#6、#13	国家治理、社会治理、逻辑、人工智能、区块链技术、大数据技术、实现技术
网络社会治理	#2、#8	网络社会、网络社会治理
社会治理创新	#7、#11	社会治理创新、社会治理体系
风险社会	#9、#10、#12	合作治理、复杂性、风险社会

（五）数字化社会治理研究的热点主题综述

根据上文对高被引文献、关键词图谱聚类编码、演进图谱的梳理分析，可知国内数字化社会治理研究的热点话题是围绕社会治理进程中技术嵌入逻辑与路径选择、社会治理创新的内在机理与生成路径、风险社会下合作治理的共同体构建等热点主题展开研究。

1. 社会治理进程中技术嵌入逻辑与路径选择

黄仁宇曾言，今日中国趋向现代化，必须彻底解决此根本技术问题[1]。这里的"此根本技术问题"正是数目字管理，也可理解为数字技术[2]，其核心在于可计算性，即可通过数字如实计算公共与私人生活的各方面服务理性决策[3]。如瑞泽尔[4]指出社会治理越来越追求治理效率、可计算、可判断和可控制。围绕这一问题，学界展开了国家、社会与技术嵌入的多维治理研究。一是国家治理与数字社会交互的相关研究。作为技术治理的重要环节，国家信息能力一直是国家能力建设的重要议题。有学者[5]指出，基于信息控制的组织运行对政府层级间的运作至关重要。学者张再生、白彬[6]根据中国经济社会发展进入新常态公共管理面临的挑战，分析了当前公共管理面临的治理现代化目标与现实状况之间的堕距、技术可行性与实践手段单一、个体自觉与组织文化、顶层设计上与下之间的困境，从价值重塑、治理能

① 黄仁宇. 资本主义与二十一世纪 [M]. 上海：生活·读书·新知三联书店，1997：27.

② 黄晓春. 技术治理的运作机制研究——以上海市 L 街道一门式电子政务中心为案例 [J]. 社会，2010，30（4）：1 – 31.

③ 王雨磊. 数字下乡：农村精准扶贫中的技术治理 [J]. 社会学研究，2016，31（6）：119 – 142.

④ 乔治·瑞泽尔. 汉堡统治世界?!：社会的麦当劳化 [M]. 姚伟，译. 北京：中国人民大学出版社，2014.

⑤ 艾云. 上下级政府间"考核检查"与"应对"过程的组织学分析——以 A 县"计划生育"年终考核为例 [J]. 社会，2011，31（3）：68 – 87.

⑥ 张再生，白彬. 新常态下的公共管理：困境与出路 [J]. 中国行政管理，2015（3）：38 – 42.

力、技术手段创新、顶层设计等维度进行破解。此后，学者赵孟营①
又进一步探讨从微观向宏观转化的精细化社会治理，指出宏观领域社
会治理的领导系统、善治维度社会治理机制、社会治理主体关系在协
同化组织网络、协同化工作制度、协同化技术平台的精细化。伴随技
术的不断向前演进，有学者围绕技术治理成为当代全球社会治理的重
要趋势，进行了思辨研究与探讨。学者刘永谋②认为通过新的科学方
法论和切合实际的专家治国模式，可以建构更为合理的技术治理模
式。伴随技术与城市治理的深度融合，学者唐皇凤③指出我国国家治
理的情境和发展中，缺乏"数目字"管理传统，城市精细化治理先
天发育不足，而现实情境城市精细化治理陷入数据崇拜、技术决定论
和秩序唯美主义迷思，因此，需要构建以人为中心、富有弹性且极具
包容性并融合市民社意的城市治理模式。学者吴朝文④、陈潭⑤、辛
勇飞⑥等围绕数字技术嵌入国家治理过程中的大数据价值、数据赋能
的向度和限度以及推进国家治理现代化的路径展开了探索和思考。二
是伴随信息通信技术的不断演进，社会治理也呈现出技术维度的转型
升级。例如，"互联网＋"背景下大数据驱动社会治理创新探索，学
者王国华、骆毅⑦指出"互联网＋社会治理"是"线上"与"线下"
的互动，包括理念的变革、政府职能的转变、信息安全防护等。此

---

① 赵孟营. 社会治理精细化：从微观视野转向宏观视野 [J]. 中国特色社会主义研究，2016（1）：78 - 83.
② 刘永谋. 技术治理的逻辑 [J]. 中国人民大学学报，2016，30（6）：118 - 127.
③ 唐皇凤. 我国城市治理精细化的困境与迷思 [J]. 探索与争鸣，2017（9）：92 - 99.
④ 吴朝文，景星维，张欢. 国家治理中大数据智能化的价值、困境与实现路径 [J]. 重庆社会科学，2021（10）：70 - 81.
⑤ 陈潭. 国家治理的大数据赋能：向度与限度 [J]. 中南大学学报（社会科学版），2021，27（5）：133 - 143.
⑥ 辛勇飞. 数字技术支撑国家治理现代化的思考 [J]. 人民论坛·学术前沿，2021（Z1）：26 - 31.
⑦ 王国华，骆毅. 论"互联网＋"下的社会治理转型 [J]. 人民论坛·学术前沿，2015（10）：39 - 51.

后，学者孟天广、赵娟①围绕大数据驱动社会治理智能化进行了理论建构，认为科技进步推动治理结构和能力演进，社会治理创新的发展趋势在于多主体协同、信息均衡和数据驱动的智能化。伴随技术的深度应用与社会治理形成泛在，学者开始关注技术给社会治理带来的风险与应对。学者张成岗②围绕区块链技术的"去中心化""去信任化"和"自治性"探讨了区块链对现有社会秩序及格局的重要革新意义，并进一步提出开展"负责人的区块链技术创新"并构建"技术"与"社会"的良性互构。学者王小芳、王磊③指出人工智能技术使社会治理智能化，但技术发展的不确定性使社会治理存在人工智能政治化的潜在风险，即从"数字民主"滑向"技术利维坦"，因此，政府应围绕数据共享与算法优化完善治理体系与制度，形成对人工智能重大公共性问题突破的制度体系。学者何继新④、陈东利⑤、王启飞⑥等围绕区块链技术的深度应用进行了理论探索，分别指出区块链技术嵌入城市治理的逻辑理论与关键问题，区块链技术能够提升治理的公平与效率。三是数字政府与数字社会互动的相关研究。当前，人类社会正经历新一轮信息革命，信息技术不断向生产生活领域和政务领域渗透，成为国家治理和社会治理的重要工具。在此背景下，学者戴长征、鲍静⑦基于社会形态演变进程考察数字政府治理问题，指出

---

① 孟天广，赵娟. 大数据驱动的智能化社会治理：理论建构与治理体系 [J]. 电子政务，2018（8）：2 - 11.

② 张成岗. 区块链时代：技术发展、社会变革及风险挑战 [J]. 人民论坛·学术前沿，2018（12）：33 - 43.

③ 王小芳，王磊. "技术利维坦"：人工智能嵌入社会治理的潜在风险与政府应对 [J]. 电子政务，2019（5）：86 - 93.

④ 何继新，孟依浩. 我国区块链嵌入城市治理：现状评述、逻辑进路与关键问题 [J]. 长白学刊，2021（6）：80 - 87.

⑤ 陈东利，张剑文. 区块链技术赋能三次分配：慈善治理公平与效率的现代化表达 [J/OL]. 中国矿业大学学报（社会科学版）：1 - 13 [2021 - 11 - 26].

⑥ 王启飞，程梦丽，张毅. 区块链技术赋能食药安全监管机制研究——基于"鄂冷链"的案例分析 [J]. 电子政务，2021（11）：92 - 102.

⑦ 戴长征，鲍静. 数字政府治理——基于社会形态演变进程的考察 [J]. 中国行政管理，2017（9）：21 - 27.

"数字政府治理"强调数据的融通和以人民为中心的"智慧服务",数字政府治理体系是响应信息革命下社会发展的内在需求,同全球治理变革密切同构。学者李大宇等①提出基于精准治理的中国政府治理范式的转换,认为与传统政府治理范式不同,政府治理精准治理范式在于通过民众需求、知识挖掘、政策匹配回应技术变革与治理需求的转换。学者刘淑春②通过浙江改革实践从"六位一体"探讨了数字化转型,并结合数据技术支撑探讨了改革技术路径。学者刘宇轩、张乾友③围绕"人工智能+"探讨了政府决策所面临的难题和伦理困境,探寻政府如何更好促进人工智能在政府决策中的应用路径,即理性看待人工智能前景,促进技术理性与政治理性相统一、技术人才的分散化储备以及设立针对性更强的人才培育渠道等。学者王芳④通过知识复用解读了当前数字政府智能化治理效能提升的前提在于提升知识复用意识,进行知识组织和知识发现,提升数据治理能力和跨部门知识共享。学者孟天广⑤探讨数字技术迭代与普及为政府数字化转型提供了强大的技术驱动,通过政府数字化转型议题构建新型"政府—社会关系""政府—市场关系"以支撑数字社会构建及数字经济发展。四是基层治理探讨数字技术应用存在的问题和价值。在技术嵌入社会治理的进程中,基层治理是关键环节,尤其是技术嵌入乡村社会治理是薄弱环节。学者王雨磊⑥提出数字悬浮与基层社会治理过程和村庄

---

① 李大宇,章昌平,许鹿.精准治理:中国场景下的政府治理范式转换 [J].公共管理学报,2017,14(1):1-13.

② 刘淑春.数字政府战略意蕴、技术构架与路径设计——基于浙江改革的实践与探索 [J].中国行政管理,2018(9):37-45.

③ 刘宇轩,张乾友."人工智能+"政府决策:挑战与应对 [J].贵州社会科学,2021(4):14-21.

④ 王芳.以知识复用促数字政府效能提升 [J].人民论坛·学术前沿,2021(Z1):46-53.

⑤ 孟天广.政府数字化转型的要素、机制与路径——兼论"技术赋能"与"技术赋权"的双向驱动 [J].治理研究,2021,37(1):5-14.

⑥ 王雨磊.数字下乡:农村精准扶贫中的技术治理 [J].社会学研究,2016,31(6):119-142.

的社会生活的结论之后,学者陈亮、李元[①]、韩志明[②]围绕基层治理悬浮进行了思辨分析,探讨去"悬浮化"、治理悬浮、治理下移的张力等问题,指出数字技术在基层治理的广泛应用,正在成为解决悬浮和下移问题的重要工具。

2. 社会治理创新的内在机理与生成路径

学界关于社会治理体系优化过程中社会治理创新的研究成果较为丰富,重点关注治理主体的丰富、治理方式的创新、治理绩效和价值的平衡等。一是关于社会治理创新内在机理与规律的研究。学者张康之[③]指出社会治理创新服务于新型社会体制建设,需要适应社会治理多元主体中政府、非政府组织和其他社会自治力量的现实要求,形成多元行动者之间的交互关联,在建构服务型政府过程中也就实现了社会治理创新。学者向德平,围绕城市社区管理中的公众参与问题,进一步探讨契合我国社区管理实际的参与形式。学者宋煜[④]从社区治理实践界定智慧社区定义与源起,认为"让智慧融入治理,让治理体现智慧"理念下的社会服务是智慧社区发展之基。除了技术维度的拓展外,学界围绕技术赋能治理体系的优化展开探索,学者张成岗、李佩[⑤]、王大同[⑥]等围绕科技支撑社会治理体系过程中,科技赋能有效解决公众参与松弛主义困境,促进社会治理体系从松弛主义走向行动主义。此后,他们进一步围绕2035年科技治理体系和治理能力现代

---

① 陈亮,李元. 去"悬浮化"与有效治理:新时期党建引领基层社会治理的创新逻辑与类型学分析 [J]. 探索,2018 (6):109-115.

② 韩志明. 基层治理悬浮与下移的张力及其辩证分析 [J]. 人民论坛,2021 (24):54-57.

③ 张康之. 论主体多元化条件下的社会治理 [J]. 中国人民大学学报,2014,28 (2):2-13.

④ 宋煜. 社区治理视角下的智慧社区的理论与实践研究 [J]. 电子政务,2015 (6):83-90.

⑤ 张成岗,李佩. 科技支撑社会治理体系构建中的公众参与:从松弛主义到行动主义 [J]. 江苏行政学院学报,2020 (5):69-75.

⑥ 李佩,王大同. 构建面向2035年科技治理与社会治理良性互动的创新体系 [J]. 中国科技论坛,2020 (11):6-8.

化与社会治理体系的互动，探讨创新环境优化的影响与关联。在社会治理与科技逐步走向融合过程中，一些先进地区的社会治理创新改革实践受到学界关注。学者朱宗尧①、谭必勇②等围绕上海市"一网通办"改革实践，从数字政府建设的理论逻辑、结构要素与政务图谱等方面探讨了"互联网＋政务服务"的实践逻辑与技术图谱中的知识关联。与上海市进行的"一网通办"改革的相同背景下，北京市开展了"接诉即办"的改革治理创新。学者王亚华③、孟天广④、张小劲⑤、赵金旭⑥、马超⑦等通过北京市"接诉即办"改革分别从多层制度嵌套、基层治理新模式、新型科层"条块"关系、超大城市社会治理创新等维度探讨了"接诉即办"这种新型基层治理模式有效提升了政府的回应性，加速了基层社会治理现代化进程，有助于实现技术赋能下的社会治理数字化转型。二是围绕网格化社会治理创新模式展开的基层秩序构建探讨。学者田毅鹏⑧围绕网格化管理体系构建中的"行政性"与"社会性"关系，探讨了城市社会管理的嬗变轨迹是从"蜂窝"到"网格"，寻求"政府治理""社区治理"间联结点，以促进网格化模式的持久发展。学者文军提出网格化治理模式从单一向多元联动转变中，应充分整合各类管理资源和力量。党的十八届三中全会后，指出"以网格化管理、社会化服务为方向，健全

① 朱宗尧. 政务图谱：框架逻辑及其理论阐释——基于上海"一网通办"的实践 [J]. 电子政务，2021（4）：40 - 50.
② 谭必勇，刘芮. 数字政府建设的理论逻辑与结构要素——基于上海市"一网通办"的实践与探索 [J]. 电子政务，2020（8）：60 - 70.
③ 王亚华，毛恩慧. 城市基层治理创新的制度分析与理论启示——以北京市"接诉即办"为例 [J]. 电子政务，2021（11）：2 - 11.
④ 孟天广. 数字治理全方位赋能数字化转型 [J]. 政策瞭望，2021（3）：33 - 35.
⑤ 孟天广，黄种滨，张小劲. 政务热线驱动的超大城市社会治理创新——以北京市"接诉即办"改革为例 [J]. 公共管理学报，2021，18（2）：1 - 12.
⑥ 赵金旭，孟天广. 官员晋升激励会影响政府回应性么？——基于北京市"接诉即办"改革的大数据分析 [J]. 公共行政评论，2021，14（2）：111 - 134.
⑦ 马超，孟天广. "接诉即办"：北京基层治理新模式 [J]. 决策，2021（5）：53 - 55.
⑧ 田毅鹏. 城市社会管理网格化模式的定位及其未来 [J]. 学习与探索，2012（2）：28 - 32.

基层综合服务管理平台"。此后，学界展开了对未来城市社区网格化管理演进趋势的探讨，学者孙柏瑛、于扬铭①等论证并审视网格化管理是工具理性视域下以技术与机制支撑的运行特征，认为政府在数字化和信息技术支撑下，致力于通过资源整合、联动管理系统，有效解决基层治理中的权威整合与行政资源下沉问题，但是，在国家对基层治理结构重建过程中，需要从基层政府管理职能、公共空间和共同体生活、信息化平台和资源整合等方面探索基层社会治理的改革之路。而学者刘安②等指出数字信息技术的引入城市网格化社会管理运行中出现非预期后果，"技术化""科层化""行政化""目标导向""网格泛化"导致治理形式、目标、社会资本、行为等出现了与预期目标的偏差。学者陈荣卓、肖丹丹③进一步针对网格社区管理的"创新扩散"现象，提出以社会治理能力提升审视网格化管理的网络化治理走向，并认为转型的关键在于从功能、服务、网络与居民自治方面形成治理网络。网格化治理作为基层社会治理创新模式有着明显"前馈控制"性功能。学者王伟伟、王义保④围绕"前馈控制"的危机预警机制，指出了网格化治理中预警系统存在的危机，需要通过多元化警源供给、立体化预警渠道以及"人机"协同、预警责任明晰等路径构建完善的网格化危机预警多点触发机制。此外，也有学者聚焦社会治理创新中的具体情境，如学者王龙⑤基于社会治理中社会安全治理现代化视角，结合实证方法，认为基于社会流动性共同治理、

---

① 孙柏瑛，于扬铭. 网格化管理模式再审视 [J]. 南京社会科学，2015 (4)：65 - 71.

② 刘安. 网格化社会管理及其非预期后果——以 N 市 Q 区为例 [J]. 江苏社会科学，2014 (3)：106 - 115.

③ 陈荣卓，肖丹丹. 从网格化管理到网络化治理——城市社区网格化管理的实践、发展与走向 [J]. 社会主义研究，2015 (4)：83 - 89.

④ 王维维，王义保. 基于"前馈控制"的网格化治理危机预警多点触发机制研究 [J]. 南通大学学报（社会科学版），2021，37 (4)：88 - 94.

⑤ 王龙. 社会安全治理现代化的情境条件分析及治理策略——来自898个有效样本的实证研究 [J]. 中国人民公安大学学报（社会科学版），2021，37 (2)：134 - 145.

网络化协同治理、知识化认同治理等"三同治理"策略推进社会安全治理实践高质量发展。

　　3. 风险社会下合作治理的共同体构建

　　自人类进入 21 世纪以来，重大自然灾害、突发公共卫生事件、恐怖袭击、金融危机等昭示风险社会来临。在此背景下，学界围绕风险社会的特点和生成探讨了社会治理的逻辑理路。学者张成福、谢一帆①认为从传统性向现代性过渡的全球化、城市化、贫富分化进程下，人口、资源环境、科学技术、组织制度和社会经济结构等面临社会治理能力弱化和大众风险感知弱化问题，构成了现代风险社会的风险源，需要从战略视角出发形成风险治理的原则和方法。

　　伴随不确定性和复杂性的进一步演进，"黑天鹅事件"不断涌现，全球进入"风险社会"。学者范如国②基于复杂性范式探讨了全球风险形成的根本机理，并以科学技术为例探讨社会内生复杂性，指出系统建构全球风险社会治理的共同价值体系、有效制度供给、有效风险预警与多边协同治理机制。学者王小芳等③指出，"'数字利维坦'④和'赛维坦'⑤都从特定角度揭示了在人工智能时代，数字技术异化产生的社会风险"，在思辨二者背后根本作用的过程中，将技术力量嵌入社会治理过程的"技术利维坦"引出，认为在认识人工智能的社会作用过程中建构"善智"的基本内涵，构建"共建共治

---

　　① 张成福，谢一帆. 风险社会及其有效治理的战略 [J]. 中国人民大学学报，2009，23（5）：25 - 32.
　　② 范如国. "全球风险社会"治理：复杂性范式与中国参与 [J]. 中国社会科学，2017（2）：65 - 83.
　　③ 王小芳，王磊. "技术利维坦"：人工智能嵌入社会治理的潜在风险与政府应对 [J]. 电子政务，2019（5）：86 - 93.
　　④ 所谓数字利维坦是指作为国家利维坦的约束手段的数字技术开始其异化过程，又演化成为一种新的利维坦——"数字利维坦"（Digital Leviathan）。参见：郧彦辉. 数字利维坦：信息社会的新型危机 [J]. 中共中央党校学报，2015（6）：46 - 51.
　　⑤ 所谓赛维坦是指科学从原本温文尔雅、带领人民走出黑暗时代的"赛先生"，变成了带领人们急速驶入未来世界、力量极其庞大却又找不到方向的巨型怪兽——"赛维坦"（Seviathan）。参见：高奇琦. 人工智能：驯服赛维坦 [M]. 上海：上海交通大学出版社，2018：280 - 281.

共享"的新型治理格局,实现治理现代化的"善植"+"善智"+"善治"目标。新冠肺炎疫情后,学界对风险社会的认识更为深入,尤其是疫情与后疫情时代的基层风险治理与合作受到广泛关注。学者赵坤①围绕风险社会下共同体重建探讨了中国社会共同体治理的"社会共同体异化与个体陷入生存困境""个体与社会共同体的关系陷入异化困境"等具体需要破解的基本矛盾,中国社会共同体治理面临传统性、现代性与未来性时空交叠的复杂矛盾,需要共同体重建与个体重建和谐共生。学者张康之②指出,风险社会处在社会加速化之中,社会加速化的主要动因是科技发展、片面追求对经济的增长及消费社会等,需要寻求风险社会中整体社会治理模式的生存之道。学者林梅③围绕疫情防控暴露出社会治理体系与能力建设上的不足,指出将制度优势转化为治理效能,运用大数据技术,推进社会治理智能化,打造有温度的社区治理共同体。学者童星④针对中国疫情治理总结可供全球借鉴的"科学态度、专业人才与技术手段"的经验。

综合上述分析,从学界对社会治理数字化转型路径的研究来看,国内学者多从一个侧面进行剖析,从治理理论和创新理论视角对三者进行系统梳理则十分不足,尤其从系统的统计数据或进行实地田野调查的研究更为缺乏。事实上,以区域创新环境优化为切入点展开社会治理数字化发展研究是现代社会科学十分关心的问题。因此,相关研究还需从以下两方面继续深入推进:第一,契合呼包鄂乌区域创新环境优化需求,探索该区域社会治理数字化转型路径,通过呼包鄂乌区

---

① 赵坤.风险社会中的共同体重建——兼论中国社会共同体治理的具体矛盾与治理智慧 [J].福建师范大学学报(哲学社会科学版),2020(5):91-97.

② 张康之.论风险社会生成中的社会加速化 [J].社会科学研究,2020(4):22-30.

③ 林梅.疫情防控视角下的社会治理现代化 [J].科学社会主义,2020(3):17-24.

④ 童星.科技抗疫:科学态度、专业人才与技术手段 [J].公共管理与政策评论,2021,10(3):13-21.

域创新环境优化与社会治理数字化转型之间的关系梳理，提出呼包鄂乌社会治理数字化转型的目标模式，以理论理想类型建构给具体实践以对标参考。第二，在理论研究、测算研究以及实证研究的基础上，探寻科技创新给区域社会治理以支撑，根据呼包鄂乌社会治理数字化转型地方性探索进行的影响因素分析，挖掘基于影响因素背后的动力机制，分析并细分基于创新环境优化呼包鄂乌社会治理数字化转型的测评体系，为呼包鄂乌科技创新治理能力和体系现代化实践探索以理论参考。

二、创新理论与治理理论融合的内涵框架与理论进路

（一）创新理论

1912 年，熊彼特在《经济发展理论》中首次系统阐述了对创新的认知，并定义创新为经济内在发展的唯一动力[①]，只有通过创新不断打破均衡，才能够促进经济发展。此后，熊彼特拓展了创新的内涵外延、形式内容以及领域和范围等理论框架，形成了创新理论体系[②]。20 世纪 80 年中后期开始，以保罗·罗默（Paul Romer）等为代表的主流经济学家开始强调创新对经济增长的重要性，并开始形成所谓"新增长理论/内生增长理论"[③]。与此同时，弗里曼（C. Freeman）[④]、伦德瓦尔（B. A. Lundvall)[⑤] 等创新经济学家提出了"国家创新体系

① 约瑟夫·熊彼特. 经济发展理论 [M]. 贾拥民，译. 北京：中国人民大学出版社，2019（8）：252.
② 马一德. 创新驱动发展与知识产权战略实施 [J]. 中国法学，2013（4）：27 - 38.
③ Romer, Paul M. Increasing Returns and Long – Run Growth [J]. Journal of Political Economy, 1986, 94（5）：1002 - 1037.
④ Freeman C, LucSoete. Developing science, technology and innovation indicators：What we can learn from the past [J]. Research Policy, 2009, 38（4）：583 - 589.
⑤ Lundvall B A. National Innovation Systems：Towards a Theory of Innovation and Interactive Learning [C]//Innovation & Interactive Learning. 2010.

理论"①，并推动该理论应用于经济合作与发展组织（Organization for Economic Cooperation and Development，OECD）有关国家②，特别是欧盟各国的政策实践和发展中国家的政策实践③。20 世纪 80 年代末，在创新经济学领域，弗里曼、伦德瓦尔、纳尔逊（R. Nelson）等一批学者，从系统论角度提出国家创新体系（National Innovation System，NIS）的概念和理论，对影响经济体创新能力的各种因素进行分析。创新体系理论的出现缘起于对国别间创新效果差异的反思，因此，该理论出现后的 20 世纪 90 年代，宏观层面（包括国家、区域及产业等）的创新能力是理论界和政策制定者关注的焦点。根据国家创新体系理论，国家层面的创新能力是国家（或经济体）框架内大学、科研机构、政府、企业、社会中介等多方主体，在教育体系、产业关联、科技研发体系、政府政策、文化传统等各种正规或非正规制度形成的创新环境中，相互作用、动态演化实施创新活动的能力；创新体系理论强调的是经济社会发展过程中逐步形成的"制度体系"和包括主体之间相互信任、网络关系及社会规范在内的所谓"社会资本"（social capital）对经济发展的促进作用。罗特韦尔（Rothwell）④、道奇森（Dodgson）⑤ 等提出的创新认知的第四个阶段——"集成与平行发展模型"（integration and parallel development model），正是创新体系理论的体现。该模型的微观现实基础正是 20 世纪 80 年代中后期日本创新型企业在实施创新活动中所采取的集成和平行推进模式。创

---

① Sharif N. Emergence and development of the National Innovation Systems concept [J]. Research Policy, 2006, 35 (5): 745 – 766.

② Mytelka L K, OECD. Competition, innovation and competitiveness in developing countries [M]. Development Centre of the Organisation for Economic Co-operation and Development, 1999.

③ 罗庆朗，蔡跃洲，沈梓鑫. 创新认知、创新理论与创新能力测度 [J]. 技术经济，2020，39 (2): 185 – 191.

④ Rothwell, Roy. Towards the Fifth-generation Innovation Process [J]. International Marketing Review, 1994, 11 (1): 7 – 31.

⑤ Dodgson M, Hinze S. Indicators used to measure the innovation process: defects and possible remedies [J]. Research Evaluation, 2000, 9 (2): 101 – 114.

新体系理论的上述特征同样对当时的创新测度产生了重大影响。对照戈丹（Godin）① 划分的创新测度的"第三阶段"不难发现，20 世纪 90 年代创新测度所强调的指标体系恰恰折射出"创新系统理论"对创新活动系统性、复杂性特征的认知。此外，为了满足利用指标体系测度评价的要求，同时也便于获取有效且国际间可比的数据，OECD 发布《奥斯陆手册》（Oslo Manual）②，用于指导基于微观企业层面的创新统计调查。到 20 世纪 90 年代，创新对于经济增长的支撑作用已经为学界和政策制定者所普遍认同③。

从创新理论的演化来看，学界关于创新的概念和内涵可以达成共识。创新要素集中于高校、科研院所、企业和中介机构等，创新主体通过交互发生作用，传播和交流知识、技术、信息和资本等。一方面，区域主体发挥个体的功能性作用，通过系统内创新协同推动耗散结构演化，实现创新体系整体功效。另一方面，从系统论来看，创新主体寓于系统之中，同外界不断进行物质、信息和能量交换，其中社会治理是创新系统所嵌入的外环境，创新的生发离不开治理的支撑和保障。

（二）治理理论

治理理论的兴起是伴随质疑经典公共行政学理论交锋壮大起来的，行政学基于政治与行政二分法所确立的国家意志的执行、政策的实施过程，其目的在于效率。此后，20 世纪 40 年代，沃尔多指出，"行政追求效率是固然，但好的公共行政应通过沟通对话来增益政府

① Godin B. National Innovation System：A Note on the Origins of a Concept ［J］. journal of bone & joint surgery american volume，2010.
② OECD. OSLO Manual：Guidelines for Collecting and Interpreting Innovation Data ［M］. 2005.
③ 罗庆朗，蔡跃洲，沈梓鑫. 创新认知、创新理论与创新能力测度 ［J］. 技术经济，2020，39（2）：185 – 191.

同公众的真诚互动。"① 直至 20 世纪 60 年代，公共治理理论基于民主或效率的价值追求，提出在公共行政中引入企业运作模式、社会组织、公众参与或第三方合作，运用多元治理工具以实现良政善治。回顾治理理论演进脉络，从政府权威的应用程度公共治理的理论图谱由强到弱呈现为运动式治理、整体治理、新公共管理、协同治理、多中心治理、新公共服务、自主治理。其中，同科技赋能与创新规律密切相关的是整体治理、协同治理与多中心治理，薛澜等翻译的《OECD 中国创新政策研究报告（2016）》② 中较早关注了各国科学、技术和创新治理，并对创新的治理结构进行了分析，多中心治理、整体性治理与协同治理是影响创新体系和效用的治理选择。

　　一是多中心治理理论。奥斯特罗姆夫妇基于民主行政的价值诉求，基于美国大都市地区的公共服务提供以及公共池塘的治理等研究提出多中心治理理论，论证了多中心治理的可能以及体制合理性③。在多中心主体间，分别履行各自职能并交互管辖单位间的自治与多重制度安排，包括互利交易和契约、竞争性对抗、裁定冲突以及有限的命令权。由于主体间性导致权威中心由单一走向多维，每个主体的权能同其他主体进行交互，打破单一主体权能的阈限，实现"合作治理"成为公共服务供给的制度安排。

　　二是整体性治理理论。重新整合是整体性治理的重要思想之一。这一思想也是对新公共管理碎片化的有力回击，即逆碎片化和部门化④。从本质而言，整体性治理本质上是一种以公民和需求为基础的整合。这种整合，在组织结构和形态上体现为"层级的整合、功能

---

　　① 颜昌武. 沃尔多行政思想述评［J］. 公共管理研究，2008（00）：114-134.

　　② 曹聪，李宁，李侠，刘立. 中国科技体制改革新论［J］. 自然辩证法通讯，2015，37（1）：12-23.

　　③ 李平原. 浅析奥斯特罗姆多中心治理理论的适用性及其局限性——基于政府、市场与社会多元共治的视角［J］. 学习论坛，2014，30（5）：50-53.

　　④ 任捷. 国内区域警务合作机制发展趋势理论评述［J］. 人民论坛，2016（17）：77-79.

的整合以及公私部门的整合"①。整合的这些策略可以很好解读整合公共组织的治理选择，有科学的工具价值，具体体现为基于整体性整合三个策略。第一个策略，在治理层级的整合上，强调全球与国家层级的整合、中央与地方机关的整合。第二个策略，在治理功能整合的过程中，强调组织内部功能的整合，公共组织选择以公民和功能为基础，重新整合部门，实现大部门治理，克服部门过度分工产生的碎片化和部门化。第三个策略，在公私部门整合时运用更多非营利组织和私营部门接轨，而使公私合伙关系产生渐进的关系。同时，在横向上，注重水平增加协调的组织机制；在纵向上，注重组织运作价值的整合②。

三是协同治理理论。协同治理是针对跨越行政组织权能边界的公共事务进行集体决策，纳入相关利益方进行信息和知识的整合，通过"一致同意与协商"建立合作伙伴关系，提升公共治理绩效。协同治理过程中的利益相关者通常为公共部门、私人部门、公共组织或个人等。在公共事务治理的过程中，多元主体间的合作是通过治理结构与机制的构建而达成公私合作伙伴关系与公共事务的协同治理。

（三）创新理论与治理理论的框架整合

科技创新与社会多主体参与日益紧密，在经济发展从要素驱动向创新驱动转型的过程中，逐步形成产业链整体的协同与开放，这种开放的过程需要越来越多的社会公众参与到创新的全过程中，第四次工业革命引领的新兴科技从多点突破到交叉互联，这些技术在不断应用的同时治理结构的问题随之而来。基于技术扩散的技术创新全面渗透，社会治理同样成为我国创新体系中的重要维度，如何通过科技创

---

① 曾凡军．基于整体性治理的政府组织协调机制研究 [D]．武汉大学，2010．
② 曾凡军．基于整体性治理的政府组织协调机制研究 [M]．武汉：武汉大学出版社，2013：45．

新引领社会治理现代化，如何通过社会治理的数字化转型进一步推进创新环境优化，成为当前迎接百年未有之大变局的重要议题。

首先是创新系统与科技要素融合的创新环境。科技要素通过提升创新系统的环境适配性、创新要素集聚、改善创新活力、增强知识外溢效率、弱化区域限制以及强化市场竞争等方式，促进了创新环境优化并提升了创新绩效。一是科技赋能为创新环境优化提供了良好的数字化基础设施，通过城市社会的数字治理转型，进而改善创新环境。因此，完善数字基础设施是提升科技研发活动与社会需求化的匹配度，降低研发风险，提升创新投入产出比的有效路径[①]。二是数字技术支撑创新扩散。以数字技术为代表的本轮科技革命的重点在于赋能区域创新升级的方式和水平，驱动传统产业、经济模式和社会治理模式的转型升级[②]，推动技术与多领域跨界融合，通过赋能升级增效的模式推动区域高质量发展。

其次是系统性创新对治理与环境间互赖性诉求。数字技术对创新环境的优化，有力提升了社会治理的数字基础设施，优化区域营商环境，从而促进区域一体化创新发展。社会治理与创新环境的转型升级是区域系统性创新生成的必要条件和重要渠道。一是技术应用可以触发区域创新和技术知识溢出效应，该效应可以为创新主体的创新活动创造知识供给[③]。二是创新合作网络在很大程度上需要数字技术支持和创新环境的支持，这种支持一方面是技术维度的迭代与升级，更重要的是有助于降低创新要素间合作的信任机制构建，也就是基于社会治理的公共价值维度的信任合作社会创新环境的营造。所以，治理与

---

① 孙早，徐远华. 信息基础设施建设能提高中国高技术产业的创新效率吗——基于2002~2013年高技术17个细分行业面板数据的经验分析 [J]. 南开经济研究，2018（2）：72-92.

② 李晓华. 数字经济新特征与数字经济新动能的形成机制 [J]. 改革，2019（11）：40-51.

③ 杨仁发，李胜胜. 创新试点政策能够引领企业创新吗——来自国家创新型试点城市的微观证据 [J]. 统计研究，2020，37（12）：32-45.

创新环境间的互动有助于系统性创新的生成。

最后是科技赋能社会治理与创新系统间的利益一致性。科技赋能数字化社会治理为创新系统的提效增能破除诸多障碍。一方面，创新网络中主体间较高的协调程度是创新环境优化的关键前提。而主体间合作的主要影响因素是通过数字技术增进的社会治理中的社会信任，在创新系统寻求网络支撑的过程中，数字化社会治理可以为创新系统所依赖的创新网络提供创新要素。另一方面，以 ICT 技术为引领的数字化社会治理和创新系统，能够将区域一体化进程加速，形成基于场景交互下的创新传播与扩散，为合作治理提供可能，进而促进合作创新，形成区域间打破行政区划障碍的创新要素流动，推动社会治理向基于数字化的价值共创与共享发展。

三、社会治理数字化转型与创新环境优化结合破解"系统失灵"困境

随着创新理论的不断演进，从制度创新—国家创新体系—创新评价与测度的理论深化，学界和有关国际组织不断推进相关理论的深入，各国都尝试通过系统化配置创新要素和创新政策来推动国家创新体系的持续改进和整体功能优化，然而从 OECD 的监测来看，各国在实现既定目标的过程中都遇到了一些阻碍，如创新主体间的资源争夺、创新政策的断链及负效应、创新环境不够完善导致资源配置率低，有学者将其称为"系统失灵"困境。社会治理的相关策略为应对"失灵"而被引入创新系统之中，从创新的目标、任务和路径选择方面给出解决方案。

（一）社会治理是创新体系目标和任务实现的重要支撑

从社会治理的理念来看，强调人本为中心的价值导向来保障社会

公义与公众权利，强调多元主体的平等参与以及共同体治理公共事务，形成多中心、多维度、网络化的治理模式。这同创新体系的目标与任务实现相一致，治理主体通过政府、市场和社会协同推进创新系统形成协商与扩散的治理格局和治理结构，推动制度安排和政策工具选择具有创新环境优化取向，更多体现市场化、制度化与社会共治共享共建化，通过社会治理推动科技与经济协调发展，二者一致实现社会政策对创新产生和扩散的支持。

（二）社会治理是创新要素分配和资源整合优化的保障

在社会治理数字化转型范式下，融入创新环境优化理念，治理主体形成多方合作与共治的协调关系，全方位优化创新要素分配和治理资源，通过营造适应创新系统发展的政策和制度环境，开放社会治理和服务的空间给各类创新主体，推动社会治理发展和培育具有创新精神的社会组织，构建基于互动与协作的创新治理社会体系，让创新主体在该体系下融合价值理性与工具理性，引导各种创新资源要素从治理向善治迈进。

（三）创新体系的路径选择与规划内嵌于社会治理体系

创新体系往往选择多层次治理路径，通过创新主体跨地域跨界进行网络形式的创新决策与创新治理，主体间往往体现为一种非等级关系，具有多层次和自组织特征。创新体系的这种路径选择与规划是同社会治理体系相嵌入的，社会治理通过治理理念的提升与优化、社会治理路径的选择与治理共同体的共建，可以为创新体系路径与规划提供土壤和环境，二者相互协同发展，互有关照和裨益。

四、呼包鄂乌创新环境、科技支撑与社会治理数字化转型的现实要义

（一）科技支撑区域社会治理数字化转型的重大意义

科技变革助推社会发展，以社会治理的数字化和智能化为显著特征的科技创新在社会治理中的应用，同该区域经济持续发展水平和社会持续发育程度紧密相关。截至 2019 年底，呼包鄂乌区域 GDP 为 9919.38 亿元，占自治区 GDP 的 57.63%①。在新区域发展战略背景下，呼包鄂乌已经成长为区域发展的新增长极，是区域创新高质量发展的动力源。从财政、产业、投资、经济总量、基础设施建设和研发投入等主要科技治理创新指标来看，呼包鄂乌区域一体化发展进入深度融合期，需要加大科技投入、加强科技创新合作、促进区域科技治理现代化，提升区域科技竞争力。科技为国家、社会转型提供了框架、机制与结构，加速了社会转型发展的完成。科技创新可以有效丰富社会治理的方式和手段，为社会治理能力提升和体系现代化提供更多可能，科技本身可以在民生领域提供更为精准化的公共服务，可以在公共安全领域准确感知、预测、预警社会安全运行态势，可以在基层社会治理领域应对人力不足短板。随着国家创新体系不断完善，科技创新持续推动社会治理数字化变革具有重大意义。

（二）区域创新环境优化是社会治理数字化转型的重要目标

社会治理数字化转型通过新型基础设施建设将新一代信息技术在社会治理各环节同信息网络融合，创新运用 5G、工业互联网、物联网等同社会治理各类主体深度交互，通过信息技术赋能传统社会治理

---

① 该数据来源为《内蒙古统计年鉴》，呼包鄂乌四地的统计年鉴。

转型升级，优化区域创新环境，促进区域经济高质量发展。2019 年底，呼包鄂乌以新基建为代表的数字化竞争力指数大幅提升，移动电话用户数量达到 1294.58 万人，宽带用户 615.77 万户，5G 基站 4023 个①，数字化技术改变着社会治理的内在机理，为优化区域创新基础协同提供可能。面向未来，社会治理数字化转型将顺应区域科技创新发展的吁求，推进区域新型基础设施建设，提升区域数字产业结构升级，持续推动区域创新环境优化。在加速构建国际国内双循环新格局和促进西部区域可持续发展过程中，科创不断发挥作用，持续提升城市间协同创新能力和水平，为区域科技创新环境优化目标提供数字化社会治理支撑。

（三）区域社会治理体系现代化推动区域创新驱动发展

由组织系统、制度系统、运行系统、评价系统和保障系统构成的社会治理体系亟待融入区域创新驱动高质量发展格局之中。高效智能的社会治理体系为区域创新发展营造良好环境，有利于形成科技治理与社会治理良性互动的创新体系。2018 年底，呼包鄂乌区域有 1042 个社区居委会。2019 年底，呼包鄂乌区域有 3544 个村民委员会，构筑了社会治理体系的坚实基础。呼包鄂乌区域创新能力提升是实现区域治理数字化转型的重要动力，呼包鄂乌区域涵盖高新技术企业 620 家，全社会研发投入强度 1.165%，万人发明专利拥有量为 4.045 件，区域创新指标不断攀升②。从区域一体化发展来看，区域创新能力的提升与区域数字化社会治理体系是否优化密切相关。科技创新及相关应用赋能呼包鄂乌社会治理主体能力提升，优化主体间协同治理关系与功能，有助于推动社会治理组织体系优化、制度体系协同化、

---

①② 该数据来源为《内蒙古统计年鉴》，呼包鄂乌四地的统计年鉴。

运行体系流畅化、评价体系精准科学和保障体系完善。区域社会治理体系现代化推动区域资源和要素向创新发展集聚配置，推动区域创新体系协同融合，推动区域创新生态体系融通，形成主体完整、功能完备、协同有利的区域创新环境。

▶ 第二章 ◀

呼包鄂乌数字化社会治理
演进逻辑与动力机制

社会治理本身是一个动态演化和不断迭代的过程，这使得面向智慧治理的数字化社会治理也受到历史进程的影响。从组织理论研究来看，组织学习与组织智慧常常联系在一起，通过组织学习提升组织智慧水平。社会治理的数字化演进同样适应这样的过程，数字化治理过程中，数据、案例、经验等构成了智能化演进学习的材料。随着智慧范式迭代和数字增量改进，数字化场景应用不断丰富，模型和算法持续更新，针对治理难题的解决也会更加智慧。呼包鄂乌区域从加强信息化建设到"互联网＋政务服务"，再到社会治理数字化转型，直至智慧社会治理，都体现了利用现代信息技术改进社会治理的演进过程。该过程中，没有前期信息化社会治理建设和经验的积累，很难实现后期的面向智能治理的数字化社会治理推进。

一、呼包鄂乌数字化社会治理转型的条件与逻辑

（一）呼包鄂乌区域发展内在动力与新生红利决定区域社会治理数字化转型

"十四五"时期，呼包鄂乌区域将转向扩大内需、提升产业链安

全，以新基建助推城市群高质量发展为主题的双循环格局之中，处于重要战略机遇期，进入面向 2035 年加速转换增长动力、优化社会结构、转变发展方式的区域社会治理能力和治理体系现代化的攻坚期。总体来看，呼包鄂乌是西部大开发新格局中的重要地区，是黄河流域核心都市圈，是国家"一带一路"倡议的重点区域之一，以公众对美好生活的向往、科技产业交互成长、空间交互数字化转型、新技术制度创新以及社会共同体的崛起迸发出区域社会治理交互一体化发展活力，为区域高质量发展提供了内生动力与新生红利。

一是公众对美好生活的向往是呼包鄂乌区域公共服务数字化转型的牵引力。公众对美好生活的向往是中国城镇化演进的主导力量，人民群众的满意度、获得感和安全感是国家良政与善治的标尺。呼包鄂乌城市群分布形态和结构决定了区域公众交互往来密切，在科技生产力提升背景下，公众对区域一体化人居环境优化提出多样化新需求。区域公共服务供给如何能精准、智能、高效地满足区域公众对美好生活的向往成为未来呼包鄂乌社会治理数字化深度协同的内生动力。呼包鄂乌在公共服务供给过程中，将运用数字化技术精准对接社会治理领域群众美好生活需求点，具体包括基本公共服务、创业就业、科教文卫等公共事业领域基础指标进行数字社会智治提升，加速公共服务供给数字化转型发展，最大化便捷公众生活，持续优化区域城市群服务。

二是新科技产业交互力量的成长是呼包鄂乌市域社会治理数字化转型的驱动力。呼包鄂乌区域一体化过程中，以经济市场一体化、城市大型化、产业升级化、科技产业化发展推动了区域化、多样化、服务化和智能化分工与交互。呼包鄂乌四市的产业格局各具特色，呼和浩特市以乳业、现代服务业、电子商务、总部基地等为中心和优势特色战略新兴产业，包头市以"稀土＋"、稀土新材料、核燃料、冶金、智能制造等构筑产业转型升级试验区，鄂尔多斯市以清洁能源产业、煤化工、跨境电商等形成资源型产业升级示范，乌兰察布市以能源产业、大数据产业、新服务产业等形成新型产业聚集区，加上 G6、G7、G55 高速公路的交织，以及高铁的开通，航线互通，区域一体化进程加速。区域能源、环境及产业链等聚集拉动了清洁、高效、环境友好型先进制造业跨越式发展。这种以科技支撑产业多元与交互带来了社会结构的多样化和社会问题的复杂化，成为重大社会矛盾风险聚集区域，社会生产新旧动能的转换倒逼区域市域社会治理数字化转型，对冲后新冠时代疫情带来的社会冲击，不断扩大区域产业科技交互与合作，推动城市群可持续化发展。

三是新空间高端聚集与低端分散是呼包鄂乌城乡社会治理数字化转型的空间力量。"十四五"时期进入都市圈高效一体化发展的加速期，如何发挥中心城市和城市群带动培育作用，不断优化行政区划设置，形成城市化地区经济人口聚集效应，建设现代化都市圈，成为国家城镇化中长期发展战略。从呼包鄂乌城市群来看，是都市圈首尾相连构成的区域体系，围绕普及化、标准化、多中心化三个维度推进城乡社会治理数字化转型。呼包鄂乌城市群大中小城市在空间一体化发展过程中，形成功能差别、规模分级、区位不同的都市圈空间一体化发展，大中小微都市圈形成各自社会治理特色，形成省域城市群发展多中心化增长极。在优势互补中统筹城乡协调发展，面向 2035 年，虽然都市圈治理资源聚集仍然是区域经济增长的驱动力量，但也应依托科技力量提升乡村社会治理能力和水平，在城乡区域、城市及城市内部都将呈现以科技赋能的医疗、教育、养老、公共服务、城市运行、环境保护等各领域高端要素聚集，不断拉动新技术、新应用的空间创造力和生产力。

四是新技术、制度创新与社会共同体崛起是呼包鄂乌社会治理数字化转型的新红利。人力资本、技术资本、社会共同体依次驱动呼包鄂乌创新主导的深度区域一体化，为数字化社会治理转型提供了技术、人才和制度红利。2020 年预计呼包鄂乌区域人才资源总量将达到 612.77 万人左右①。人力资本红利在新科技引入区域社会治理过程中能够得到极大释放。新技术红利可以实现"公众赋权"和"社区赋权",高新技术的孵化和应用为区域社会组织、企业、政府等构建的社会共同体深度参与数字化社会治理提供可能,逐步积累的技术基础将促进自主创新并深刻改变技术、制度与社会治理之间的交互与转型。制度创新红利可以通过与科技的泛在交互,形成智慧治理方式,帮助市场在资源配置中发挥更大的优势,在资源优势向社会治理领域倾斜时,技术、人力、社会共同体以及制度将进一步推动区域城市群社会治理能力提升,优化区域创新效能。

(二) 呼包鄂乌区域发展格局和趋势决定区域社会治理数字化转型新愿景

面向 2035 年,呼包鄂乌区域发展瞄准国家区域发展战略,进入西部区域一体化创新高质量发展新阶段,实现以人民为中心的公共服务数字化与智能化转型,打破传统资源型区域发展瓶颈,将数字化转型同产业发展相融合,明显增强经济竞争力,优化创新生态,成为支撑京津冀—环渤海地区合作发展的重要引擎和西部区域协调发展的样板。呼包鄂乌区域发展格局和趋势决定了区域社会治理走向以党委政府为主导、以科技为支撑、以社会共同体参与为桥梁的社会合作治理大格局,构筑呼包鄂乌社会治理数字化转型新愿景。

一是基于人口结构变化的公共服务均等化。呼包鄂乌地区包括 37 个旗县,214 个乡镇,面积为 18.67 万平方千米,占内蒙古自治区总面积的 15.78%,人口 1021.15 万人,占全区总人口的 40.21%。基于目前区域城镇化水平和人口增速进行趋势预测,按照呼包鄂乌区

---

① 该数据来源为《内蒙古统计年鉴》,呼包鄂乌四地的统计年鉴。

域城镇化率每年提升 0.63 个百分点，预计 2035 年人口城镇化率将达 77.43%。如果按每年净增 4.31 万人计算，预计 2035 年呼包鄂乌区域人才总量将达到 677.42 万人①。从区域一体化发展趋势来看，到 2035 年，城镇化率大幅提升，区域一体化过程中人口功能布局和公共服务要素走向聚合，呼包鄂乌将进入中重度老龄化区域，对区域社会治理中城市公共服务供给需求量大，基于新基建基础上的公共服务走向数字化、均等化、可持续化。

二是基于产业结构数字化的治理多中心协同。需求升级、技术创新、产业链新趋势和国际国内双循环发展格局决定，呼包鄂乌区域产业转型数字化日益广泛，区域经济交互不断加强，区域经济空间形态多层嵌套，产业链布局重塑。呼包鄂乌区域产业结构分布，呼和浩特市第一产业 4.1%，第二产业 29.5%，第三产业 66.4%。包头市第一产业 3.5%，第二产业 39.3%，第三产业 57.2%。鄂尔多斯市第一产业 3.5%，第二产业 58.0%，第三产业 38.5%。乌兰察布市第一产业 15.9%，第二产业 39.1%，第三产业 45.0%②。从产业布局来看，区域整体第三产业占比较高，数字化转型在经济和社会领域将深刻改变制造和服务产业体系。呼包鄂乌城市群将从生产、消费、交换等经济要素主导，转向数据要素的运行为主导，城市群社会治理从有形态向以数据治理为代表的无形态转化。区域分工将转向至区域创新中心、制造中心、资源基地、消费中心、服务中心。基于人口转型、区位定位升级、公共产品布局的发展趋势，在呼包鄂乌区域城市体系空间上形成产业和产业链多层嵌套格局。

三是基于城市建设智慧化的区域治理格局。面向 2035 年，围绕内蒙古自治区印发的《呼包鄂乌"十四五"一体化发展规划》，加速区域中心城市人口和经济集聚度，不断优化区域社会、经济和产业结

①② 该数据来源为《内蒙古统计年鉴》，呼包鄂乌四地的统计年鉴。

构，促进区域深度一体化发展。呼包鄂乌区域各城市积极拓展智慧城市建设，社会治理基础设施建设从开发建设转向智慧化更新改造，加速新型基础设施建设应用，通过信息化、网络化和智能化技术，打造"城市数字大脑"，形成数字化运行中心与躯干，形成指挥、应用、操作为一体的混合云、引擎与智慧数字化平台，催化新基建改造传统基建。在技术赋能的视域下增加社会治理中公共服务供给，以科技支撑数字化社会治理能力提升，形成呼包鄂乌区域公共事业领域协同合作，实现政务与民生服务一体化、生态与乡村治理一体化、基础设施建设与产业协同一体化的数字化社会治理格局。

四是基于区域空间星云化的区域治理空间整合。呼包鄂乌区域是黄河几字湾核心城市群，区域经济集聚度、区域链接性以及区域治理协同效率直接影响黄河中部区域高质量创新驱动发展。从呼包鄂乌城市发展来看，同全国城市群发展态势趋同，以村为单位的边远村逐步萎缩，边缘镇逐步衰落并消亡，中心村镇加速城镇化，区域中心城市进一步扩大化、集聚化和网络化。以包头市为例，近20年乡村减少近80%，城市化进程速度加快。呼包鄂乌区域从空间分布来看，呈现出星云化整合，日趋走向整体性协同治理区域城市群发展。

二、呼包鄂乌数字化社会治理转型的地方性探索

呼包鄂乌区域社会治理数字化转型是向智能化应用技术演进的必经阶段。该阶段的挑战来自如何利用物联网、大数据、区块链技术构建人、物、内容和服务的链接能力，将政务服务与公共服务惠及更多人群。如何在未来的社会"智治"中，区域内多部门、多机构协同治理成为常态，既有区域普适性治理机制，又不乏各城市个性的凸显。回应挑战，呼包鄂乌区域社会治理不断探索和深化认知，对呼包鄂乌社会治理体系的构建也正在从以往静态的体系构建进入动态适应性政策调整期。

（一）呼包鄂乌社会治理数字化转型面临的挑战与问题

1. 分化加剧

从全国城市群发展来看，呼包鄂乌区域协同一体化起步较晚，对话合作机制尚不完善，创新环境氛围不足，与长三角城市群、珠三角城市群以及成渝城市群的发展相比还有较大差距。经济和科技一体化活力不足直接导致社会治理数字化转型呈现分化态势，新兴技术范式的兴起，使得传统社会治理理念与现代社会治理理念产生分野，给区域社会治理实践带来困境。一方面，科技支撑社会治理需要大量的资金投入，从呼包鄂乌区域来看，社会治理资金来源较为单一，多元化力量参与不足。另一方面，社会治理数字化的核心在于数据治理，如何从理念、机制、流程等方面打破区域间数据壁垒，保障以隐私保护、数据确权和数据流通为核心的数据安全始终是摆在数字化社会治理转型面前的双向难题。

2. 错配加深

处于快速现代化进程中的呼包鄂乌区域一体化发展，呈现出多维度合作治理的特点。这种多维度体现在市域社会治理、城乡社会治理、基层社会治理、社区治理在不同层级不同阶段发生，社会治理面临极大的复杂性，呼包鄂乌社会阶层多维结构利益诉求愈发复杂化、多元化，不同利益点之间易陷入对立却合理的利益困境当中，社会治理主体、主体间关系、主体能力与供给资源同社会治理困境解决的突出需求之间存在匹配性挑战，错配加深。以区域化新型基础设施建设为例，呼包鄂乌区域社会治理"智治"一体化平台基础设施建设亟待进一步加强，呼包鄂乌区域重大基建类社会工程亟待建立跨部门、跨层级协同合作治理机制，企业、社区等多方社会主体以共同体的形式参与治理方式需要丰富。

3. 负担加重

呼包鄂乌区域一体化负担加重突出体现在城市病重点领域——人口和交通。人口老龄化加剧，新增城镇人口规模巨大，养老、医疗和社保的公共服务支出有较大增长，亟待公共服务转换。随着呼包鄂乌区域城镇化加速，一些地区出现人口净流出，尤其是农村地区加重了养老负担，制约经济活力，城乡发展呈现分化态势。2019 年，呼包鄂乌区域财政社会保障和就业支出占比远高于全国的 12.3%。人口迁移加速了区域老龄化整体趋势，也为区域社会治理带来挑战。近年来，呼包鄂乌区域汽车保有量不断增加，城市拥堵治理难，各级公路、轨道交通、物流体系等一体化进展不足，给呼包鄂乌区域社会治理带来挑战。

4. 风险加大

全球化新态势、社会加速转型同新科技信息化大发展形成历史"三重叠加"的交汇期，社会治理面临着人口聚集和流动触发社会风险，物联网、区块链等新兴技术应用不足，技术规范以及数据标准化不足带来社会治理数据安全问题，如公民隐私泄露、滥用数据、算法在社会传播领域的负面影响。新兴工业体系在工业互联网、工业大数据、智能制造等同区域资源技术要素深度融合过程中，亟待对区域各类行业产业数据进行规范监管，形成行业和产业安全体系，社会治理数据规制尚需融合制度化渠道和非制度化渠道，相关法律法规滞后于经济、技术和产业发展，给呼包鄂乌区域经济社会发展带来安全挑战。

（二）呼包鄂乌数字化社会治理转型的地方性探索

面对呼包鄂乌区域发展进程中存在的问题与挑战，呼包鄂乌四地开展了一系列数字化社会治理转型的探索，通过案例的筛选与扎根分析，可以帮助我们客观认知基于数字化社会治理转型的呼包鄂乌内在动力机制，从而为后续社会治理进程中数字技术的嵌入与创新系统之间的耦合协调关系探讨做铺垫，进而构筑呼包鄂乌数字化社会治理转型的目标模式、技术支撑框架以及政策路径。

1. 案例来源与选择标准

本研究以"主题：（地名）＆ 主题：（社会治理）"为检索条件，在中国知网（CNKI）、百度搜索引擎进行检索，并结合实地调研确定案例。在对资料进行收集、精读与确定、案例筛选时，围绕以下选择标准：一是案例的完整性，即案例是否清晰地呈现数字化社会治理的治理主体、治理行动逻辑、治理方式选择、治理资源调度等，或案例是否呈现数字化社会治理的地方探索过程、探索方式。二是案例的基本特性，即开展探索的案例是否为数字化社会治理探索或智慧化社会治理探索，并且在市域或基层具有代表性。三是案例的独特性，即选取的案例是否具有社会治理数字化转型的创新性，案例探索所处的阶段是否有代表性，各城市或区县进行实地探索是否具有类似性和可比较性。最终确定 4 个案例用于分析，如表 2 - 1 所示。

2. 案例分析

基于呼包鄂乌数字化社会治理转型进程中的探索案例，研究分析认为在数字化社会治理进程中需要注意以下几个方面：

一是整合数字资源，构建社会治理的大数据体系。从各地进行的数字化社会治理探索来看，都进行了基于部门壁垒的数字孤岛的突破，通过整合各级各类社会治理的数据库和平台，实现社会治理的大数据一体化运作模式。如 C1 案例"爱青城"App 整合呼和浩特市的各级各类数据，90 个便民服务事项可以在线办理与查询，形成城市大脑驱动下的首府市民数字生活的一站式入口。该模式在呼和浩特市进行疫情防控工作中发挥了重要作用。如案例 C2，在城市大脑的助力下，上线青城智慧抗疫平台，形成了基于核酸检测、疫情防控"一张图"、重点人员管控、物资管理为一体的疫情信息统揽、数据

表 2 - 1　　　　呼包鄂乌数字化社会治理地方性探索选取案

编号	地区	案例名称	案例简述	案例出处
C1	呼和浩特市	基于"爱青城" App 的呼和浩特市数字化社会治理	2021 年 4 月 29 日，呼和浩特智慧城市"爱青城" App 正式上线，主要手机端应用——"爱青城"内容包括便民服务、政务办事、文化教育、政民互动，新闻资讯 8 大版块，智游青城、智慧出行、健康医疗，共计 90 个便民服务事项可以实现在线办理或查询	呼和浩特市新闻网. 一部手机游青城"爱青城" App 上线 [EB/OL]. (2021 - 04 - 29). http://hmcc. hhhtnews. com/p/191703. htm.
C2	呼和浩特市	呼和浩特市: 以"数"制"疫" 疫情防控显"智慧"	首府依托呼和浩特城市大脑，于 10 月 29 日上线了核酸检测信息系统；经过 24 小时不间断高效研发，于 10 月 30 日上午 11 时上线了青城智慧抗疫平台 1.0 版，经过一周的完善升级，青城智慧抗疫平台 1.0 版包含了核酸检测、疫情防控"一张图"，重点人员管控、物资管理四大模块。平台的视频监测和视频互动功能不断完善，基本涵盖疫情防控各重点领域，实现了信息一屏统揽、数据及时汇总，情况实时掌握，在运用智慧化、大数据核酸检测全市重点区域第二轮大规模核酸检测方面迈出了新的步伐	呼和浩特市新闻网，呼和浩特市: 以"数"制"疫" 疫情防控显"智慧" [EB/OL]. (2021 - 11 - 13). http://hmcc. hhhtnews. com/p/221500. html.

续表

编号	地区	案例名称	案例简述	案例出处
C3	包头市	基于"智慧昆都仑"的社区治理	智慧昆都仑"政企通"平台是昆区委、区政府开发建设的服务平台。平台以电脑端和手机端两种方式，智慧昆都仑微信公众号两种渠道开展运行，包含企业管理、企业问题处理、企业建议投诉、政策服务、企业办事、企业管家、沟通交流、评价考核和大数据分析等功能，形成政企问题反映、收集、交办、落实、督办、反馈的工作链条，实现跨部门、跨系统的数据资源共享开放，真正做到真服务、服务跑、有求必应，无事不扰	数字赋能！"智慧·昆都仑"为解决基层治理难点插上"科技翅膀"[EB/OL].（2021-06-09）. https://baijiahao. baidu. com/s? id = 170 207045816 9574 023.
C4	包头市 呼和浩特市	内蒙古"24小时警局"为民服务"不打烊"	包头市公安局首创，呼和浩特市等地陆续上线开展"24小时警局"，通过群众普遍使用的微信公众号平台，加挂可以互动的微社区，以"互联网+警务+政务"的"1+N"服务模式为设计理念，开通了"110"交管业务"户政业务""12345"等12个板块。全市各级公安机关和各警种全部入驻该平台，群众在线提出各类问题，民警马上与群众对话交流，搭建起便民服务全窗口。"24小时警局"的成员覆盖全市各个层面，基本可以覆盖全市民手机中的网红平台	中国警察网. 内蒙古"24小时警局"为民服务"不打烊"[EB/OL].（2020-06-22）. https://baijia hao. baidu. com/s? id=1670164698 6220 0188.

续表

编号	地区	案例名称	案例简述	案例出处
C5	包头市	智慧包头市以数字"蝶变"引领城市	包头市厘清数字化发展逻辑,加速数字化发展布局,围绕数字经济、数字社会、数字政府,动作频繁、政策密集,特别是市第十三次党代会明确提出要在今后五年高质量建设数字包头市,把包头市每一个企业、每一处场景都当成数字化发展的最优"试验场",全力推进各方面数字化转型,建设区域数字化高地	人民网.智慧包头以数字"蝶变"引领城市"蝶变"[EB/OL].(2022-01-05).http://nm.people.com.cn/n2/2022/0105/c347186-35082396.html.
C6	鄂尔多斯市	基于智慧城市建设的鄂尔多斯市数字化社会治理	鄂尔多斯市充分运用数字化技术赋能城市发展,率先在全市启动"智慧社区"建设,苏木镇(街道)、嘎查村(社区),开通旗、城市联动指挥中心,重点企业四级联动智慧调度,接入平安城市、智慧党建、智慧环保等18个领域信息平台和3000多路视频资源,构建"一个平台,三大载体,五大应用"为核心的"1+3+5"智慧社区治理模式,形成了"党建联创、治安联防、资源联用、公益联办、环境联抓、事务联抓"的智慧城市治理体系	鄂尔多斯市5G+智慧社区现场观摩会暨智慧城市示范项目启动仪式在达拉特旗举办[EB/OL].(2020-11-06).http://ecds.dltq.nmgzf.gov.cn/bdyw/2020-11-06/2720.html.
C7	乌兰察布市	基于草原云谷的乌兰察布市数字化社会治理	2014年华为云计算中心项目落户集宁区察哈尔经济技术开发区,2016年7月正式投入运营。这使得集宁区建设智慧城市有了强大的技术支撑,先后启动建设平安城市、智慧公交、智慧城市、智慧政务、公共WIFI、智慧供水、智慧照明、智慧社区、大数据平台等十个模块,共同构筑起了智慧城市运行框架	中国"草原云谷"乌兰察布:大数据点亮一座城[EB/OL].(2020-05-14).https://www.chinanews.com.cn/cj/2020/05-14/9184264.shtml.

汇总、情况研判系统，数据资源的整合推动基层社会治理"一张图"的加速成型，让大数据模式下的防疫效能提升。

二是积极运用数字技术手段，实现基层社会治理创新。社会治理的数字化转型是指数字技术嵌入社会治理过程中所形成的治理决策、治理工具、治理路径、治理评估等内容从"数字化"迈向"智慧化"。在探索基层社会治理创新的过程中，各地都进行了数字化模式的尝试，尤其是网格化的技术嵌入，形成"人、地、物、事、组织"全维度要素的数字化覆盖。如案例 C3 包头市昆都仑区通过大数据、移动互联网等将数字技术嵌入网格化治理，形成跨部门跨系统资源共享，社会治理方法创新，通过"12345"热线的接入，形成数据联动。此后，包头市进行了全域的智慧城市建设，如案例 C5 包头市构建"全域感知""全域共享""全域共用"的"一脑决策"综合性智慧城市服务，推动数字产业化和产业数字化，同时嵌入"健康码""智慧牧场""爱上包头市 APP"，依托数据、信息、数字基底等技术，推进全方位数字化社会治理转型。

三是构建数字化防控体系，优化公共安全治理。数字化防控体系是城市公共安全治理的重要手段，在社会治安立体化防控工作中发挥着重要作用，从案例 C4 来看，通过"24 小时警局"的建立，打造出公共安全社会治理的创新品牌。依托"24 小时警局"形成数字化赋能的民众安全服务平台，同时借助警务技术平台优势，形成多警种平台一体化驱动社会治理效能的样本。在案例 C6 和案例 C7 中，借助智慧城市建设形成了智慧治安联防。尤其是乌兰察布市作为中欧班列枢纽节点城市，智慧化安全防控体系更为重要。因此，基于数字化的公共安全治理创新具有连锁效应和模仿效应，"24 小时警局"的推广体现了数字化驱动社会安全治理方式普及化，呈现出警务社会治理创新扩散的态势。

四是运用多元化数字技术，提升民生服务能力。民生服务是社会治理之本，以人民为中心的社会治理数字化转型呈现出多中心自治、德治、法治"三治"融合的特征。在数字技术应用到公共服务领域过程中，形成了基于数字图谱的社会治理场景化应用。案例 C6 通过智慧联动指挥中心的建立，形成旗、苏木镇（街道）、嘎查村（社区）、重点企业四级联动智慧调度指挥系统，通过调度系统开展智慧党建和民生服务。案例 C7 通过草原云谷构建平安城市建设，案例 C1 将便民服务、政务办事、政民互动、智慧出行、民政服务等首期上线的 90 项增加至 126 项，同时加载智慧停车、智游青城、挪车码等特色应用程序，满足市民多元化服务需求，如"智慧救助"功能考虑到特殊群体的数字化使用障碍，通过语音输入等设置更好地向这部分群体普及，最大化满足群众诉求，让科技向善服务社会治理。

五是畅通数字沟通渠道，完善矛盾化解和预防机制。从省域社会治理、市域社会治理到基层社会治理，防范社会风险、化解社会矛盾是社会治理体系的重点环节，数字技术的嵌入使得风险识别、风险研判、风险评估风险决策和风险处置的科学化和精准化得到提升。如案例 C6 通过"1 + 3 + 5"智慧社区治理模式实现公益联办、环境联管、事务联抓；案例 C7 通过电子政务云中心建设，构建"乌兰察布市'为村'微信公众号软件及服务项目"，集便民生活、智慧村务、网络宣传为一体，通过互联网助力村庄发展，为村民提供信息服务等内容，畅通乡村社会治理的渠道。案例 C1 和案例 C3 探索基于数字技术的社会矛盾就地解决方式，做到"小事不出网格，大事不出社区"，从基层疏解治理的痛点和难点问题，形成新时代枫桥经验式的社会矛盾化解模式，并通过数字技术赋能形成社会治理的矛盾化解数字机制。

（三）呼包鄂乌数字化社会治理地方性探索取得的实效

从呼包鄂乌各地开展的数字化社会治理探索实践来看，数字技术应用成为推动区域社会治理现代化的重要动力之一。各地形成了基于数据维度的各项决策，形成了定向资源的整合与配备，形成了效率提升和方式方法创新，更为重要的是基于理念层次的数字化转型。

一是数字技术实现社会治理过程中决策的科学与精准。以往基于经验进行的决策，依据通常是有限的调研统计数据，参考的政策文本同样是静态数据。在数字技术整合之后，形成了基于大数据维度的整体性治理尝试，基于海量数据的决策，需要依靠背后的城市大脑、云计算等进行科学收集、分析、研判等数据挖掘后，形成知识图谱和知识势能，形成复杂社会系统科学精准的政策方案。有效地实现精准识别、整合、管理，大大提升了社会治理的精准性与科学性。

二是数字技术形成靶向资源配置体系。呼包鄂乌四地进行的数字化社会治理探索，有效地整合了社会治理资源，实现就智慧治理的靶向型资源配置与治理。如案例 C5 中的"智慧农场"可以有效地帮助农牧业进行远程照看和产品溯源，牧区智慧广电宽带网络覆盖服务工程实现了牧区的治理资源整合，有效地优化了牧民放牧和生活方式。对比传统的社会治理方式，尤其是偏远民族边疆地区的社会治理，数字化资源与传统生活方式的结合，形成数字资源与传统资源的整合，实现资源的最大化配置利用。

三是数字技术赋能社会治理创新。数字化社会治理本身借助技术应用进行治理创新，那就需要基于提升社会治理效能目标下的社会治理创新，创新的支撑与扩散又离不开创新环境的支持。因此，从呼包鄂乌数字化社会治理地方性探索的案例来看，围绕社会治理的"创新环境—创新支撑—创新扩散"理路，可以洞悉案例中的社会治理效能提升路径。如案例 C4 可以清晰地呈现出基于"24 小时警务平台"的社会安全治理创新扩散过程。一方面，通过数字技术应用形成安全数据的汇集，方便群众进行相关政务服务性活动，形成社会治理的创新支撑。另一方面，数字技术给警务治理体系带来制度创新和机制模仿的扩散效应。

四是数字技术服务社会治理效能提升。如案例 C1、案例 C3、案例 C6、案例 C7 进行的 "一网通办"，通过数据集成形成多平台共享数据，基于一个 App 方便公众办理区域性政务服务类事项、生活服务类事项，通过数字技术减少基层社会治理中数据收集难、社区治理底数模糊、风险不清、管理缺位等难题，如将钉钉软件嵌入基层治理平台应用、各类 "码" 整合治理、数字云谷推动产业发展等方式，全方位满足人民群众对美好生活的向往，有效提升社会治理的效能。

尽管呼包鄂乌进行了数字化社会治理转型的有益探索，也取得了较为明显的成效，但同时也要看到的是呼包鄂乌区域社会治理数字化转型的主导力量是政府部门，而社会力量还没有充分调动起来，社会力量的参与和社会共同体的构建尚不够完善，政府、社会与市场间的良性互动还有待推动。围绕网格化社会治理嵌入的数字技术，还是要面对数据如何下沉、数据如何整合、信息孤岛和部门壁垒还需进一步打破的问题，初期的数字技术应用阶段使得基层管理者负担加重，为了信息的完整可能会对社会真正的 "痛点" 和 "隐忧" 关注不足，需要关注数字技术、社会治理和外部环境之间的动力机制，进而打破困境，真正发挥数字技术给基层社会治理带来的生产力。

三、基于创新环境优化的呼包鄂乌数字化社会治理转型的动力机制

从呼包鄂乌数字化社会治理转型探索的案例来看，在综合考虑呼包鄂乌数字化社会治理的驱动型、环境、资源、主体、渠道等基础上，构建出基于创新环境优化的数字化社会治理转型的动力机制框架，基于该框架探讨社会治理数字化转型的内涵、特征与动力机制的作用机理。

（一）呼包鄂乌社会治理数字化转型的内涵

早期治理领域的数字化技术应用主要探讨的是整体性治理视域下的数字技术应用，英国学者帕特里克·登力维（Patric Dunleavy）基于整体性治理理论提出数字治理的概念，随后数字治理在不同的维度和层面掀起了理论与实践探索的浪潮①。数字治理并不局限于探讨基于政府机构改革和职责碎片化整合的政府数字治理，更进一步拓展应用到以服务数字化改革为代表的治理数字化转型。在数字化社会治理领域，将治理理念更新、数字技术深度运用、政务服务流程重塑与体制机制再造相融合，形成面向智慧治理的数据、技术、平台、系统等战略导向的集成转型，形成技术支撑的社会治理数字化思维、数字化理念、数字化治理战略与数字化治理模式的体系和能力现代化，加速基于区域一体化的社会治理方式创新，形成智治支撑的数字化社会治理格局。

呼包鄂乌探索数字化社会治理与传统治理方式相比具有以下特征：一是社会治理的精准性。传统社会治理方式较为依赖经验判断进行决策，随意性大且"上有政策，下有对策"，治理资源的配比较为随意。数字化社会治理转型就是为适应不确定复杂系统演化中的风险与未知，面对风险社会和复杂效应下数字技术解决了传统治理中的难题与困境。二是"一站式"便捷性。传统社会治理更多通过行政体系形成自上而下的治理，往往难以克服"行政壁垒""部门孤岛"的问题，而基于数字技术的数字化社会治理，其理念本身就孕生于整体性治理，意在通过"一网通办""一张图""接诉即办"等方式实现公共服务应用场景最大化的便捷与便利。三是社会共同体的构建。数字化社会治理以数据共同体的方式呈现，打破信息孤岛和部门制约形

---

① 王洛忠，闫倩倩，陈宇. 数字治理研究十五年：从概念体系到治理实践——基于 CiteSpace 的可视化分析［J］. 电子政务，2018（4）：67-77.

成数据交汇，其内涵在于形塑社会治理共同体，最大化地让公众参与到社会治理之中，打造基于多维数据、多元主体、泛在交互的社会治理数字化共同体。四是技术范式的迭代。从"互联网+""智能+"到"区块链+"，数字化社会治理转型是衔接信息化向智慧化转型的关键阶段，通过社会治理技术应用的不断迭代升级帮助数字技术在民生服务、风险防范、安全监管等社会治理场景下进行智慧应用，提升面向未来社会的智慧治理效能。

（二）呼包鄂乌数字化社会治理转型的作用机理

呼包鄂乌数字化社会治理的地方性探索表明，数字化社会治理是在一定环境系统之中的，社会治理主体、社会治理技术、社会治理功能、社会治理渠道之间共同作用，实现社会治理目标。然而，受成本、资源等约束、治理结构灵活性不足以及路径依赖惯性等，各地在探索数字化社会治理进程中，通常采用单一治理技术解决复杂事务，在技术应用、治理转型与环境之间存在"技术""科层""环境""权力"间的博弈与互动，正是在这样的耦合关系中形成了数字化社会治理的生成与运作逻辑，目的是激发社会治理全要素创新动能，实现共建、共治、共享的社会共同体治理格局，形成技术应用、创新环境与数字化社会治理间的耦合协调，如图2-1所示。

一是多元社会治理主体的数字化社会治理共治机制构建。社会治理中的公共组织、社区居民与企业等在数字技术的应用维度下形成资源整合的协同治理、参与反馈的激励模式以及配合统筹的整体支持。社区区民在参与和反馈社会治理政策进程中激发社会活力，公共组织通过统筹社会治理资源与协同各部门合作治理形成数字化社会治理下的部门协同，社会组织通过资源调配与协调，形成社会利益与公共利益间协调统合的社会治理参与主体之一。三者合力构建社会治理共同体，形成基于数字化社会治理维度的共治机制构建。

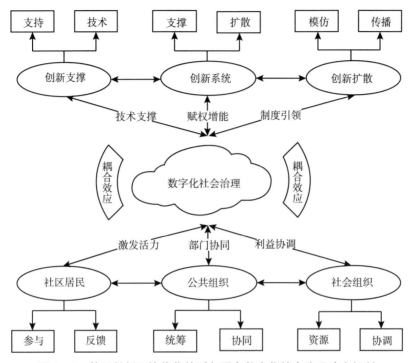

图 2 - 1　基于创新环境优化的呼包鄂乌数字化社会治理动力机制

二是创新系统优化下的数字化社会治理共建机制构建。包括基于创新支撑的技术整合与适配、创新扩散所需要的信息共享与知识势能、创新环境的营造与交互等形成社会治理数字化转型的外部环境与内部系统交互。社会治理系统是在自适应和创新循环中形成系统优化，在进行数字化转型过程中，通过数字技术的加持形成创新支撑，进而推进基于体制—机制—政策的创新扩散，支撑和推进创新系统赋权增能数字化社会治理，形成基于创新系统支持的数字化社会治理共建机制。

三是数字技术—社会治理—创新环境之间的耦合协调，这里需要将数字技术与社会治理、数字技术与创新环境、社会治理与创新环境之间的三元耦合关系进行界定，同时需要形成多目标导向的整体性治理，从而产生"1 + 1 > 2"的正向"耦合"效应①。在技术与创新、技术与社会治理、社会治理与创新三者交互的过程中，推进呼包鄂乌区域高质量发展，形成基于耦合协调基础上的整体数字化转型推进。

（三）呼包鄂乌数字化社会治理转型的反思

呼包鄂乌数字化社会治理转型进程中同样也需要进一步反思。一是如何破解数字化社会治理的普适性难题。呼包鄂乌作为内蒙古自治区的增长极，在民族地区社会治理数字化转型中有一定的代表性，如何将社会治理数字化转型模式进行推广，首先就是资金投入问题，其次是基层治理主体对数字化社会治理的适应性。二是技术本身的两面性，需要认识到有些情境下"大数据加剧了社会的复杂性与不确定性，使得传统的治理模式与社会结构不一致和矛盾日益明显"②。在推动技术发展与应用的同时，也要看到技术并非万能的，需要"科技向善"的价值塑造，实现"有温度"的数字化社会治理转型，既要兼顾技术发展，又要重视人文关怀。三是要跳出数字化社会治理内卷，尽管各地都在探索数字化社会治理，但是仍然存在数据孤岛、数据壁垒、平台项目重复建设、投入产出效益低等问题。这种情况的破解很大程度上依赖于治理主体尤其是主导主体的思想解放程度。四是数字安全本身带来的数字化社会治理风险。数字技术应用进程中制度的不断完善是伴随制度迭代的，但目前存在滞后性，尤其是基于总体国家安全观视域下对数据分级保护、数据存储、使用、维护等安全性技术应用与价值判断之间的协同治理还需进一步探索。五是给予创新环境优化下的数字化社会治理创新以关注和资源倾斜。国家创新驱动

---

① 吴旭红，章昌平，何瑞. 技术治理的技术：实践、类型及其适配逻辑——基于南京市社区治理的多案例研究 [J/OL]. 公共管理学报：1 - 19 [2022 - 01 - 15].
② 孔建华. 当代中国网络舆情治理：行动逻辑、现实困境与路径选择 [D]. 长春：吉林大学，2019.

战略下推动科技自立自强的关键之一在于社会创新活力，这种创新环境的优化是社会治理、技术应用与创新系统之间交互耦合形成的，需要在呼包鄂乌数字化治理进程中予以高度关注。

四、呼包鄂乌城市群数字化转型的影响因素与障碍测度

呼包鄂乌各地的数字化转型实践探索，反映了呼包鄂乌城市群以互联网、信息、通信技术和数据等资源为核心生产要素，发挥数字技术的效能，实现数字产业化和产业数字化优化和改造，从而推动经济社会数字化发展的活动。但是，这种活动过程中，呼包鄂乌数字化转型的客观情境如何，障碍何在，需要进一步结合定量分析，探索呼包鄂乌城市群数字化转型过程中的制约因素。因此，从数字化转型的内涵和动力机制入手，本书结合 2020～2021 年《中国城市数字经济指数》（实际统计数据为 2019～2020 年）进行指标体系构建和实证分析，分别从数字基础设施、数字政府与数字社会、数字产业三个维度，将呼包鄂乌城市群数字化转型同全国发展的平均水平进行比较分析。

（一）呼包鄂乌城市群数字化转型发展现状的指标测度与分析

打造自治区高质量发展引领区和培养中西部有重要影响力的城市群，合力建设数字经济高地是呼包鄂乌城市群一体化发展的战略重点，以数字技术为引领的数字经济、数字政府和数字社会成为城市加速发展的主攻方向。从数字化转型发展的态势来看，基于数字基础设施、数字政府与数字社会、数字产业的指标体系可以有效衡量城市数字化转型的基本情况和发展方向。从数据的可得性和可靠性考虑，本研究基于 2020～2021 年《中国城市数字经济指数》《中国城市统计年鉴》等相关数据，对呼包鄂乌城市群数字化转型发展水平进行指标体系构建，通过数字基础设施、数字政府与数字社会、数字产业三个维度进行三级指标体系构建，如表 2－2 所示，对呼包鄂乌城市群

数字经济一体化发展进行测度与评价，同全国数字化发展的平均水平进行比较。

表 2 - 2　　　　　　　　数字经济发展评价指标体系

一级指标	二级指标	符号	三级指标	符号
数字基础设施	数字化信息基础	F1	固网宽带应用渗透率	F11
			移动网络应用渗透率	F12
			城市云平台	F13
			信息安全	F14
	数据基础	F2	城市大数据平台	F21
			政务数据共享平台	F22
			开放数据平台	F23
数字政府与数字社会	数字化政策规划	S1	覆盖民生领域的政策数量	S11
			民生领域的数字化政策项目	S12
			覆盖治理领域的数量	S13
			治理领域数字化项目的数量	S14
	政府服务数字化	S2	教育数字化	S21
			医疗数字化	S22
			民政服务数字化	S23
			人社服务数字化	S24
			扶贫数字化	S25
			营商环境数字化	S26
			生活环境数字化	S27
	政府治理数字化	S3	公安治理数字化	S31
			信息用治理数字化	S32
			生态环保数字化	S33
			市政管理数字化	S34
			应急管理数字化	S35
			自然资源管理数字化	S36

续表

一级指标	二级指标	符号	三级指标	符号
数字 + 产业	数字产业化	I1	数字产业化驱动产业	I11
			数字产业化主体产业	I12
	产业数字化	I2	农业数字化	I21
			金融数字化	I22
			制造业数字化	I23
			能源数字化	I24
			生活服务数字化	I25
			交通物流数字化	I26
			科教文体数字化	I27
			医疗健康数字化	I28

1. 测度方法和数据选取

（1）熵权法。

在确定指标体系的权重时，可以运用主观赋权法和客观赋权法。其中主观赋权法主要包括层次分析法（AHP）、专家打分法和德尔菲法等，而客观赋权法主要包括熵权法、灰色关联度法和变异系数法等。由于主观赋权法是根据赋权者对不同要素的重视程度来确定相应的权重，这就导致了评估结果具有主观随意性的特点，因此本书采取熵权法来确定评价指标的权重系数，能够较为客观、科学地反映变量对目标的影响程度。其基本原理是通过信息熵来度量系统的不确定性和某一指标的离散程度，当某一指标的熵值越小，其离散程度就越大，则该指标对综合评价的影响就越大，因此权重就越大，反之亦然。具体步骤如下：

第一步，为了避免原始数据间单位、数量等量纲差异对数据结果的影响，故对所有原始数据进行标准化处理，转化为相对值，使数据之间具有可比性。由于本次指标体系中无负向指标，因此只对正向指标进行标准化即可。为避免极端数据对熵值法结果造成影响，因此参考尹鹏等（2017）[①] 的标准化公式：

$$y_{ij} = (x_{ij} - \min x_j)/(\max x_j - \min x_j) \times 0.9 + 0.1 \qquad (2.1)$$

其中，x_{ij} 为第 i 个单位第 j 项指标的数值（$i = 1，2，\cdots，n；j = 1，2，\cdots，m$），$\max x_j$ 为第 j 项指标的最大值，$\max x_j$ 为第 j 项指标的最大值，$\min x_j$ 为第 j 项指标的最小值。

第二步，计算第 j 个指标下第 i 数据占该指标的比重：

$$p_{ij} = y_{ij}/\sum_{i=1}^{n} y_{ij} \qquad (2.2)$$

第三步，计算第 j 项指标的熵值，其中 $k = 1/\ln(rn)$，r 为年份，n 为城市个数：

$$e_j = -k\sum_{i=1}^{n} p_{ij}\ln p_{ij} \qquad (2.3)$$

第四步，计算信息熵冗余度：

$$d_j = 1 - e_j \qquad (2.4)$$

第五步，计算第 j 项指标的权重，其中 m 为指标个数：

$$w_j = d_j/\sum_{i=1}^{m} d_j \qquad (2.5)$$

第六步，计算各地区综合得分：

$$Z_i = \sum_{i=1}^{m} w_j \times y_{ij} \qquad (2.6)$$

（2）障碍因子诊断模型。

在城市数字化转型发展的综合评价中，不仅要对数字化发展水平进行测度，还要分析影响城市数字化经济发展水平的障碍因素，以此了解各因素对数字化发展水平的制约程度，从而为城市的数字化发展

[①] 尹鹏，刘曙光，陈才. 中国沿海城市群城镇化效率测度及其障碍因子诊断 [J]. 华东经济管理，2017，31（7）：68 –74.

提出更为科学合理且有针对性的建议,促进城市数字化转型升级。鉴于此,在测度数字化发展水平的基础上,参照唐建荣和李晓静(2016)①、张旭等(2021)②、尚英仕和刘曙光(2021)③ 的公式,引入障碍因子诊断模型:

$$O_{ij} = \frac{(1 - y_{ij})\omega_j}{\sum_{i=1}^{m}(1 - y_{ij})\omega_j} \qquad (2.7)$$

其中,O_{ij} 为数字化发展的障碍程度;y_{ij} 为标准化后的数据值;$(1 - y_{ij})$ 为指标与理想值之间的偏离度,即指标偏离度;ω_j 为指标权重,即因子贡献度;m 为指标个数。通过障碍程度的判断,可以判断不同障碍因子对系统整体发展的障碍程度,从而针对其具体的障碍因子以弱化为目标提出更有针对性的建议,以促进系统整体的发展。

2. 呼包鄂乌城市群数字化转型综合评价

(1) 呼包鄂乌数字化发展水平整体落后于全国平均水平。

整体而言,呼包鄂乌城市群数字化发展水平落后于全国平均水平。从图 2 - 2 中可知,呼包鄂乌城市群数字化总体发展指数从 2020 年的 0.408 升至 2021 年的 0.603,即将接近全国数字化平均发展水平 0.622,呼包鄂乌城市群的发展增速为 47.86%,较快于全国平均数字化发展增速 31.07%,显现出与全国数字化发展平均水平差距逐渐缩小的趋势。

---

① 唐建荣,李晓静. 产业生态系统协同评价及障碍因子诊断——基于 2005—2014 年安徽省 16 市的实证分析 [J]. 华东经济管理,2016,30 (11):17 - 25.
② 张旭,袁旭梅,魏福丽. 生态绿色化与经济高质量耦合协调的时空演化 [J]. 统计与决策,2021,37 (3):112 - 116.
③ 尚英仕,刘曙光. 中国东部沿海三大城市群的科技创新与绿色发展耦合协调关系 [J]. 科技管理研究,2021,41 (14):46 - 55.

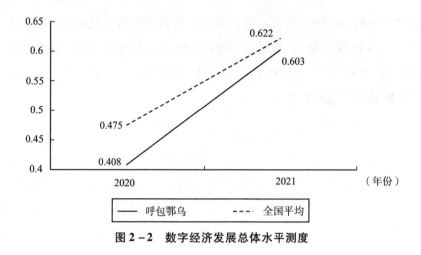

图 2 - 2　数字经济发展总体水平测度

（2）呼包鄂乌数字基础设施发展的现状与特点。

呼包鄂乌城市群数字基础设施发展落后于全国平均水平。2020 年，呼包鄂乌城市群数字基础设施发展水平为 0.076，落后于全国平均水平 0.091。但从数字基础设施的追赶速度来看，呼包鄂乌以 53.49% 的增速快于全国数字基础设施发展平均增速 22.52%。从图 2 - 3 可以看出，在 2020 年末，呼包鄂乌数字基础设施发展超过了全国平均水平。

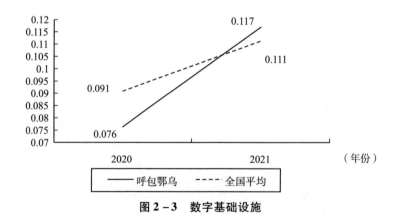

图 2 - 3　数字基础设施

一是数字化信息基础发展高于全国平均水平。从图2-4和图2-5中可知，呼包鄂乌城市群在移动网络应用渗透率、城市云平台和信息安全建设上均领先于全国平均水平，而在固网宽带应用渗透率上较为落后。这得益于呼包鄂乌城市群四市地理空间集中，产业与工业基础较强，区位优势显著，在自治区政府政策支持下区域内基础设施互联互通水平提升，信息基础设施一体化布局效益凸显，因此数字化信息基础得分高于全国平均水平。

二是数据基础整体发展落后于全国平均水平。由图2-4和图2-5可知，在城市大数据平台、政务数据共享平台和开放数据平台的建设上，呼包鄂乌城市群与全国平均发展水平依然存在着较大的差距。当前，数据要素是数字经济中支撑数字产业化和产业数字化的关键要素，有效利用数据资源不仅能够优化产品生产和商业营运模式，还能促进传统产业的转型升级，从而创造出新业态与新模式。因此，呼包鄂乌城市群要重视在新一代信息技术的作用下充分释放数据要素对数字经济发展的基础性和支撑性的作用，充分认识数字产业化和产业数字的长期发展离不开数据基础和技术的支撑与赋能。

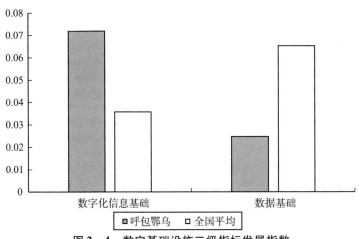

图2-4　数字基础设施二级指标发展指数

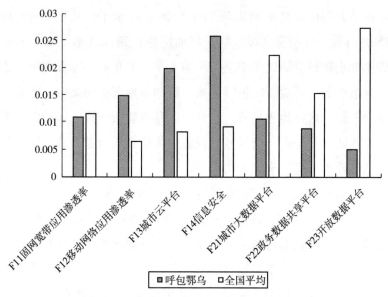

图 2-5 数字基础设施三级指标发展指数

（3）呼包鄂乌数字政府与数字社会发展现状与特点。

呼包鄂乌城市群数字政府与数字社会发展水平整体较高，其指数从2020年的0.212上升至2021年的0.337，整体高于全国平均发展水平。从趋势上看，呼包鄂乌城市群数字政府与数字社会发展增速为58.98%，高于全国平均水平49.98%，如图2-6所示。

一是数字化政策规划整体高于全国平均水平。从图2-7和图2-8可知，在数字化政策规划上，呼包鄂乌城市群整体得分要高于全国平均水平，特别是在覆盖治理领域的数量和治理领域数字化项目的数量上优势显著。但是，从图2-7可知，在覆盖民生领域的政策数量上同全国平均水平相比稍落后。

二是政府服务数字化建设部分落后于全国平均水平。从图2-7和图2-8可知，呼包鄂乌城市群在教育、医疗和生活环境数字化建设方面高于全国平均发展水平，表明区域内教育医疗和生活服务的数字一体化建设水平效益良好。但是，在人社服务数字化、营商环境数字化建设上与全国平均发展水平存在着一定的差距，因此要进一步加强呼包鄂乌区域内营商环境的数字化建设，在消除地区分割和行政壁垒的同时加快推进区域内市场一体化建设，并全方位融入国内国际大市场。

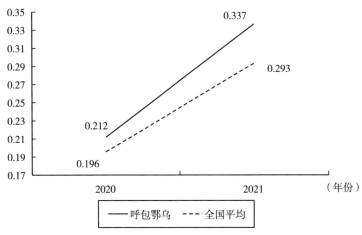

图 2 - 6　数字政府与数字社会发展指数

三是政府治理数字化部分高于全国平均发展水平。从图 2 - 7 和图 2 - 8 可知，呼包鄂乌城市群在公安治理数字化、信用治理数字化、市政管理数字化、应急管理数字化和自然资源管理数字化建设方面皆高于全国平均发展水平，表明区域内城市治理一体化发展水平逐步提高，协同治理能力显著增强。但是，呼包鄂乌城市群在生态环保数字化建设上与全国平均发展水平差距明显，呼包鄂乌区域作为黄河流域生态保护和高质量发展的重要板块，坚持生态优先、绿色发展的基本原则，加大生态环保数字化建设的力度显得尤为重要。当前受地理环境与工业发展等因素的影响，呼包鄂乌区域内生态环境系统较为脆弱，跨区域共保共治机制尚不健全，生态修复和环境治理任务依然艰巨，这在制约呼包鄂乌数字经济发展"绿色效益"的同时，也阻碍了区域内绿色生态网络的形成与发展。

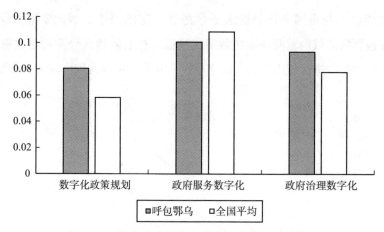

图 2-7　数字政府与数字社会二级指标发展指数

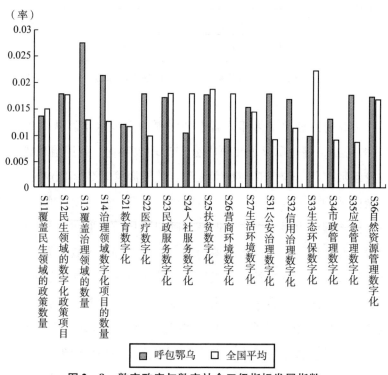

图 2-8　数字政府与数字社会三级指标发展指数

四是呼包鄂乌数字产业发展明显落后于全国平均发展水平。2020年和2021年的得分为0.120和0.149，低于全国平均水平的0.188和0.217，但在发展增速上呈现出追赶之势，其发展增速24.58%，较快于全国平均增速15.56%，如图2-9所示。

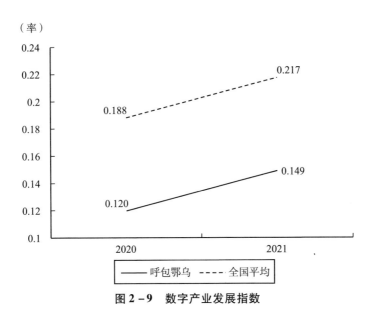

图2-9 数字产业发展指数

通过图2-10和图2-11呼包鄂乌城市群数字产业在二、三级指标的发展情况可知，呼包鄂乌区域内数字产业化和产业数字化的整体发展水平皆落后于全国平均发展水平，尤其是在农业数字化、制造业数字化、生活服务数字化、交通物流数字化和医疗教育数字化发展上与全国平均发展水平差距明显。一方面表明呼包鄂乌城市群运用数字技术和数据资源要素为传统产业增加产出并提升效率，以此来促进数字经济与实体经济融合的能力有待提升；另一方面，要充分地认识到在数字经济赋能实体经济方面，制造业作为国民经济健康发展的基石，有效推动数字技术与制造业的深度融合是产业数字化发展的关键与重点，呼包鄂乌区域内工业制造业基础较好，这更是数字经济与实体经济融合发展的关键突破口，也是呼包鄂乌城市群数字化转型发展的一次新契机。

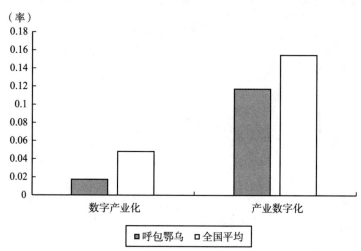

图 2 - 10　数字产业二级指标发展指数

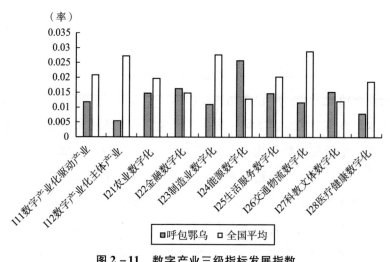

图 2 - 11　数字产业三级指标发展指数

（二）呼包鄂乌城市群数字化转型发展的内在差异分析

1. 呼包鄂乌城市群数字化转型发展速度比较

根据呼包鄂乌各市数字经济综合评价的结果可知，如表 2 - 3 所示，在 2020～2021 年呼包鄂乌四个城市间的数字经济发展总体水平差距明显，其中呼和浩特市作为首府稳居榜首。从各项维度的总体水平均值来看，排名依次是呼和浩特市、包头市、鄂尔多斯市和乌兰察布市，其中呼和浩特市以 0.799 远超乌兰察布市 0.242，是乌兰察布市的 3.3 倍多，但乌兰察布市显现出以 122.27% 的增长之势，有望缩小整体差距。

表 2 - 3　　2020～2021 年呼包鄂乌城市群各市数字经济发展总体水平

总分	2020 年	2021 年	增速（%）	均值
呼和浩特市	0.626	0.973	55.48	0.799
包头市	0.520	0.660	26.78	0.590
鄂尔多斯市	0.334	0.444	32.94	0.389
乌兰察布市	0.150	0.334	122.27	0.242
数字基础设施	2020 年	2021 年	增速（%）	均值
呼和浩特市	0.092	0.195	113.58	0.143
包头市	0.089	0.100	11.91	0.095
鄂尔多斯市	0.092	0.093	1.99	0.092
乌兰察布市	0.033	0.079	143.43	0.056
数字政府与数字社会	2020 年	2021 年	增速（%）	均值
呼和浩特市	0.293	0.490	67.41	0.392
包头市	0.328	0.414	26.28	0.371
鄂尔多斯市	0.161	0.260	61.68	0.210
乌兰察布市	0.065	0.182	179.12	0.123

数字 + 产业	2020 年	2021 年	增速（%）	均值
呼和浩特市	0.241	0.287	18.95	0.264
包头市	0.103	0.146	41.28	0.124
鄂尔多斯市	0.082	0.091	11.11	0.086
乌兰察布市	0.053	0.073	38.70	0.063

从各市 2020～2021 年一级指标层的数字化转型发展水平数值来看，在数字基础设施、数字政府与数字社会、数字产业方面，呼和浩特市、包头市、鄂尔多斯市和乌兰察布市四市皆呈现上升之势，表明呼包鄂乌城市群数字化建设效益显著。

一是在数字基础设施层面中，增长速度排名为乌兰察布市 > 呼和浩特市 > 包头市 > 鄂尔多斯市。增长速度最快是呼和浩特市和乌兰察布市，其增长速度的区间范围值为 ［113.58%，143.43%］，但鄂尔多斯市增长缓慢，其增速仅有 1.99%，与其他三市的增速差距明显。

二是在数字政府与数字社会层面中，增长速度排名为乌兰察布市 > 呼和浩特市 > 鄂尔多斯市 > 包头市。乌兰察布市的数字经济发展增速最大达到了 179.12%，但其整体发展水平较低，紧随其后的是呼和浩特市和鄂尔多斯市，增速分别为 67.41% 和 61.68%，最后是包头市，增速为 26.28%。

三是在数字 + 产业层面中，增长速度排名为包头市 > 乌兰察布市 > 呼和浩特市 > 鄂尔多斯市。呼和浩特市和鄂尔多斯市的增长速度较慢，鄂尔多斯市位列最后，作为自治区经济的排头兵，鄂尔多斯市产业的数字化转型亟待提升，包头市和乌兰察布市分别以 41.28% 和 38.70% 的增速位列第一和第二。

2. 呼包鄂乌城市群数字化转型发展的影响要素分析

呼包鄂乌城市群数字经济发展的内在影响要素主要是通过城市群内部发展的平均情况进行比较，如图 2 – 12 所示，通过城市群内数字经济发展的平均水平进行呼包鄂乌数字经济发展影响要素的识别。

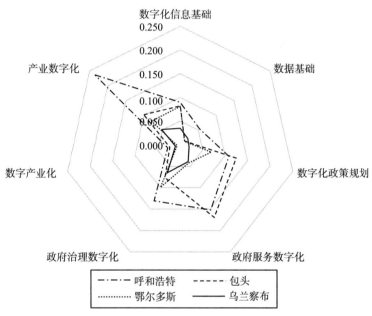

图 2 – 12　2020 ~ 2021 年呼包鄂乌各市数字经济二级指标得分

一是数字化信息基础建设中，排名为呼和浩特市 > 包头市 > 鄂尔多斯市 > 乌兰察布市，均值为 0.0719。呼和浩特市（0.0896）、包头市（0.0821）和鄂尔多斯市（0.0809）三市的差距较小且均超过平均水平，而乌兰察布市（0.0348）发展水平较低，与平均水平差距明显。

二是数据基础建设中，排名为呼和浩特市 > 包头市 > 鄂尔多斯市 > 乌兰察布市，均值分 0.0247。包头市（0.0124）、鄂尔多斯市（0.0116）和乌兰察布市（0.0211）三市的发展水平低于平均水平，仅有呼和浩特市（0.0538）一市高于区域平均水平。

三是数字化政策规划层面，排名为包头市＞呼和浩特市＞鄂尔多斯市＞乌兰察布市，区域内均值水平为0.0805。呼和浩特市（0.1087）和包头市（0.1248）高于区域内平均水平，而鄂尔多斯市（0.0688）和乌兰察布市（0.0196）低于区域平均水平。

四是政府服务数字化层面，排名为包头市＞呼和浩特市＞鄂尔多斯市＞乌兰察布市，区域内均值水平为0.1007。鄂尔多斯市（0.0422）和乌兰察布市（0.0390）得分低于区域内平均水平，而包头市（0.1694）和呼和浩特市（0.1519）高于区域平均水平。

五是政府治理数字化层面，排名为呼和浩特市＞鄂尔多斯市＞包头市＞乌兰察布市，得分均值为0.0931。其中，呼和浩特市（0.1311）和鄂尔多斯市（0.0995）得分高于区域平均水平，而包头市（0.0769）和乌兰察布市（0.0648）得分低于区域内平均水平。

六是数字产业化的维度中，排名为呼和浩特市＞包头市＞乌兰察布市＞鄂尔多斯市，得分均值为0.0172。其中，呼和浩特市（0.0279）和包头市（0.0233）得分高于区域内平均水平，而鄂尔多斯市（0.0067）和乌兰察布市（0.0109）得分低于区域平均水平。

七是产业数字化的维度中，四市排名为呼和浩特市＞包头市＞鄂尔多斯市＞乌兰察布市，得分均值为0.1172，普遍较低。其中包头市（0.1009）、鄂尔多斯市（0.0798）和乌兰察布市（0.0518）得分皆低于区域平均水平，可见呼包鄂乌区域内产业数字化是未来数字经济发展面临的一大挑战。

综上所述，呼和浩特市作为省会城市在整体各个层面的得分都较为良好，包头市则在数据基础建设、政府治理数字化建设和产业数字化建设方面有待提升，鄂尔多斯市应在此基础上加大对数字化政策规划、政府服务数字化和数字产业化的投入力度，而乌兰察布市相比呼包鄂三市发展相对不充分、不平衡，在数字经济各层面的发展都有待提升。呼包鄂乌区域的人口和经济总量分别占全区的 40% 和 60% 左右，作为承东启西、连接南北最具经济发展优势的重要区域，呼包鄂乌四市数字经济的发展水平与发展差异会直接影响到全区经济总体效应，因此，在未来呼包鄂乌一体化发展仍需注重发展不平衡、不充分的问题，切实发挥出呼包鄂三市的辐射带动作用，从而促进呼包鄂乌城市群南北联动、东西双向互惠的开放新格局。

（三）呼包鄂乌城市群数字化转型发展的障碍诊断

在数字化转型发展的综合评价中，不仅要对数字化发展水平进行测度，还要分析影响数字化转型发展的障碍因素，以此了解各因素对数字经济发展的制约程度，为城市的数字化转型发展提出更具针对性的建议，从而促进城市数字化转型升级。介于此，在数字化转型发展水平测度的基础上，引入障碍因子诊断模型，对呼包鄂乌城市群数字化发展的障碍度和障碍因素进行测算和分析，如表 2 - 4 所示。

表 2 - 4　　2020～2021 年包头市数字经济发展的平均障碍度测算

目标层	准则层	障碍度（%）	指标层	障碍度（%）
数字基础设施	数字化信息基础	12.56	固网宽带应用渗透率	2.21
			移动网络应用渗透率	8.03
			城市云平台	1.19
			信息安全	1.13
	数据基础	12.98	城市大数据平台	5.04
			政务数据共享平台	2.80
			开放数据平台	5.14

目标层	准则层	障碍度（%）	指标层	障碍度（%）
数字＋政府	数字化政策规划	11.82	覆盖民生领域的政策数量	6.29
			民生领域的数字化政策项目	2.61
			覆盖治理领域的数量	1.24
			治理领域数字化项目的数量	1.68
	政府服务数字化	17.56	教育数字化	1.43
			医疗数字化	1.37
			民政服务数字化	4.23
			人社服务数字化	2.38
			扶贫数字化	3.13
			营商环境数字化	2.87
			生活环境数字化	2.14
	政府治理数字化	14.47	公安治理数字化	1.40
			信息治理数字化	2.10
			生态环保数字化	4.97
			市政管理数字化	1.56
			应急管理数字化	1.15
			自然资源管理数字化	3.28
数字＋产业	数字产业化	8.29	数字产业化驱动产业	3.80
			数字产业化主体产业	4.49
	产业数字化	22.32	农业数字化	3.29
			金融数字化	1.73
			制造业数字化	4.50
			能源数字化	1.23
			生活服务数字化	3.22
			交通物流数字化	4.57
			科教文体数字化	1.36
			医疗健康数字化	2.41

从各指标对呼包鄂乌城市群数字化转型发展的障碍度结果可知，呼包鄂乌数字经济发展水平的障碍排名为：产业数字化＞政府服务数字化＞政府治理数字化＞数据基础＞数字化信息基础＞数字化政策规划＞数字产业化，障碍度分别为 22.32%、17.56%、14.47%、12.98%、12.56%、11.82% 和 8.29%。

1. "数字产业"已然成为呼包鄂乌城市群数字化转型发展的最大制约

显然，"数字产业"已然成为呼包鄂乌城市群数字化转型发展的最大制约，其中交通物流数字化、制造业数字化、农业数字化和生活服务数字化的障碍度范围为［3.22%，4.57%］，排在影响因素中的前四名，表明呼包鄂乌数字化产业发展远低于实际需求，且仍需加强数字化融合，特别是加快第一、第三产业数字化融合，同时对工业、制造业发展进行数字化转型升级，以此加快呼包鄂乌制造业高质量一体化发展。呼包鄂乌城市群在数据基础、政府服务数字化、数字产业化和产业数字化等方面与全国平均水平依然存在着一定的差距，制约着呼包鄂乌数字经济一体化发展水平的提升，特别是产业数字化与数字产业化方面与全国平均水平差距明显，同时数据基础建设方面也较弱，因此，呼包鄂乌城市群需重视在新一代信息技术的作用下充分释放数据要素对数字经济发展的基础性和支撑性的作用，充分认识数字产业化和产业数字的长期发展离不开数据基础和技术的支撑与赋能。

2. 呼包鄂乌社会治理数字化转型影响最大的指标是生态环保数字化

该指标也反映出呼包鄂乌城市群在生态环境数字化与全国平均水平的差距，如何借助技术赋能实现生态环境数字化，在碳中和背景中如何以科技能力保护生态环境也是呼包鄂乌城市群未来关注的重点内容。在数字政府与数字社会的指标层面中，呼包鄂乌城市群整体在人社服务数字化和营商环境数字化建设等方面要落后于全国平均水平，尤其是生态环保数字化建设与全国平均水平差距较大，在制约呼包鄂乌数字经济发展"绿色效益"的同时，也阻碍了区域内绿色生态网络的形成与发展。

3. 呼包鄂乌数字经济发展中数字基础是数据基础建设的制约因素

该因素中，尤其是城市大数据平台的建设、开放数据平台建设，只有通过"数据跑腿"代替"民众跑腿"，才能真正形成部门协同、一网办理的"互联网＋政务"的新型服务创新模式，让政府服务更智能，为企业和民众提供更高效便捷的服务。通过开放公共数据，为各级政府把握和了解民众的需求，提供大数据和决策服务。因此，呼包鄂乌未来仍需前瞻性地以一体化、融合化、低碳化的视角将时空的一体化网络体系、新型绿色数据中心等融入数字基础设施建设规划中。

（四）呼包鄂乌城市群数字化转型的测度结论与启示

通过构建城市数字经济发展水平指标体系，对呼包鄂乌城市群数字经济发展水平进行综合测度和对呼包鄂乌城市群数字经济发展的障碍因子进行诊断，本文得出了以下几点结论。

整体而言，呼包鄂乌城市群数字经济发展指数从 2020 年的 0.408 升至 2021 年的 0.603，即将接近全国平均水平 0.622，其发展增速为 47.86%，较快于全国平均数字经济发展增速 31.07%，整体水平较好，有利于呼包鄂乌城市群在区域内更深层次和更广层面上深化区域合作，形成更大合力，进而取得更高质的协同发展成果。但在数字产业层面，呼包鄂乌城市群与全国平均水平差距明显，其 2020 年和 2021 年的得分分别为 0.120 和 0.149，均低于全国平均水平，但发展增速 24.58% 较快于全国平均水平 15.56%。

从指标体系中准则层和指标层的角度来看，一方面，呼包鄂乌城市群在数据基础、政府服务数字化、数字产业化和产业数字化等方面与全国平均水平依然存在着一定的差距，制约着呼包鄂乌数字经济一体化发展水平的提升，特别是产业数字化与数字产业化方面与全国平均水平差距明显，同时数据基础建设方面也较弱，因此，呼包鄂乌城市群要重视在新一代信息技术的作用下充分释放数据要素对数字经济发展的基础性和支撑性的作用，充分认识数字产业化和产业数字的长期发展离不开数据基础和技术的支撑与赋能；另一方面，在数字政府与数字社会的指标层面中，呼包鄂乌城市群整体在人社服务数字化和营商环境数字化建设等方面要落后于全国平均水平的发展，尤其是生态环保数字化建设与全国平均水平差距较大，在制约呼包鄂乌数字经济发展"绿色效益"的同时，也阻碍了区域内绿色生态网络的形成与发展。

从呼包鄂乌城市群各市的角度来看，呼和浩特市作为省会城市在整体各个层面的得分都较为良好，包头市则在数据基础建设、政府治理数字化建设和产业数字化建设方面有待提升，鄂尔多斯市应在此基础上加大对数字化政策规划、政府服务数字化和数字产业化的投入力度，而乌兰察布市相比呼包鄂三市发展相对不充分、不平衡，在数字经济各层面的发展都有待提升。因此在未来，呼包鄂乌一体化发展仍需注重发展不平衡、不充分的问题，切实发挥出呼包鄂三市的辐射带动作用，从而促进形成呼包鄂乌城市群南北联动、东西双向互济的开放新格局。

从障碍因子诊断的角度来看，呼包鄂乌城市群数字化转型发展的障碍度排名为产业数字化＞政府服务数字化＞政府治理数字化＞数据基础＞数字化信息基础＞数字化政策规划＞数字产业化，分别是22.32％、17.56％、14.47％、12.98％、12.56％、11.82％和8.29％。"数字产业"已然成为呼包鄂乌城市群数字化转型发展的最大制约，且其中交通物流数字化、制造业数字化、农业数字化和生活服务数字化的障碍度范围为［3.22%，4.57%］，排在影响因素中的前四名。研究数据表明，呼包鄂乌数字化产业发展远低于城市的实际需求，同全国平均发展水平存在差距。因此，通过技术赋能实现呼包鄂乌区域整体的数字化转型，就需要围绕数字化转型发展规律进行阶段划分，厘清顶层设计和转型阶段规划，构建数字化产业体系和数字经济发展格局，切实提升数字化社会治理的安全水平，多方协同推进城市数字政务服务一体化发展，大力借鉴先进城市推进数字化建设经验，全面推进高质量数字高地建设。

第三章

呼包鄂乌创新环境优化
与创新辐射作用的分析

区域协同发展形成创新共同体是呼包鄂乌城市群的重要目标。从呼包鄂乌城市群的规划来看，核心在于形成城市之间的创新辐射带动网络，提升呼和浩特市的城市首位度形成呼和浩特市、包头市、鄂尔多斯市、乌兰察布市之间的协同一体化发展。但是当前呼包鄂乌在创新互动和共同体辐射方面存在较多短板，如何发挥城市群之间的创新辐射与带动作用，如何优化城市群的创新环境，是呼包鄂乌城市群创新高质量发展的重要议题。

一、呼包鄂乌城市群创新环境优化与辐射带动作用机理

城市群作为城镇化的高级阶段是经济和创新活动的核心空间载体。从城市群发展的规律来说，技术与产业的交互形成复杂系统规模化与耦合化，通过首位城市与邻近城市的紧密联系与分工合作，形成区域间创新网络是城市创新的规律①。城市群的发展是一个动态演进过程，早期首位城市通过资源优势或产业资源吸引创新要素流入与集

---

① Pedersen P O. Innovation Diffusion within and between National Urban Systems [J]. Geographical Analysis, 1970, 2 (3): 203 – 254.

聚，形成聚集效应，城市的规模和经济水平不断提升，基于产业维度的城市功能不断提升。伴随城市群的不断成长，核心城市的技术、知识和服务外溢扩张形成相关产业。周边城市围绕核心城市的主体产业形成创新分工与协同的格局，城市间突破单向溢出而形成复杂的创新网络。

创新环境的形成与辐射带动作用基于特定条件形成邻近动力。根据20世纪90年代法国邻近动力学派提出的"多维邻近性"概念，可以揭示创新扩散所需要的集中条件。涵盖了地理邻近、技术邻近与制度邻近等方面①。

（一）地理邻近

从地理空间距离来看，大量的研究认为，区域创新知识的溢出取决于地理邻近。创新所依托的知识传播分为隐性知识和显性知识。伴随信息技术革命所带来的基于算法与可编码的显性知识来看，跨区域传播可以实现，但是，对于技术创新过程中的很多隐性知识来说，仍然需要进行线下交流与合作，形成创新要素间的知识交流、反馈与合作。地理邻近为这种创新合作提升了效率，大量的研究证实创新的溢出具有很强的地理距离衰减规律特征②，城市群之间以及城市群整体的创新扩散是对距离较近城市的扩散。从呼包鄂乌城市群的地理区位来看，呼包鄂乌区域同处自治区中部，是自治区重点开发区域和经济发展的核心区域，地理邻近且经济集聚度高，是国家重点培育城市群呼包鄂榆的重要支撑，具备城市群培育的基础条件。

---

① 孙瑜康，李国平. 京津冀协同创新中北京辐射带动作用的发挥效果与提升对策研究 [J]. 河北经贸大学学报，2021，42（5）：78－84.
② Nelson A J. Measuring knowledge spillovers: What patents, licenses and publications reveal about innovation diffusion [J]. Research Policy, 2009, 38（6）：994－1005.

（二）技术邻近

技术邻近主要指创新主体间知识基础和技术结构较为相似，也被称为认知邻近。从城市维度来看，城市间技术结构的相似性和互补性被认为是技术邻近。区域经济中的技术关联是指不同行业在处于适度的"认知距离"时，有助于知识溢出的发生。从"十四五"规划来看，"要加强产业链和创新链的融合"，核心在于城市群和邻近城市之间形成基于创新结构和产业结构的产业集群，匹配关联上中下游的产业链、创新链、价值链。比如发达城市群长三角和粤港澳大湾区能够形成城市间很强的产业分工，正是基于技术关联的产业链协作。从技术邻近来看，呼包鄂乌城市群科技创新资源相对集中，涵盖国家级高新区和多家科研院所、高等院校，创新资源较为丰富，是自治区创新能力最强区域。

（三）制度邻近

制度邻近是指在法律、惯例、规则以及文化风俗等方面不同主体或地区的一致性。制度包括正式制度、非正式制度、软法规则等不同形式。稳定的制度环境、良好的营商环境、统一的市场、融通的文化有利于城市群内外部的知识溢出与要素流动。从呼包鄂乌区域来看，呼包鄂乌是全区经济社会发展的核心区，是自治区经济社会发展的重要引擎。地方政府间合作同时也有竞争，城市群的一体化发展在于突破行政壁垒使要素自由流动和知识溢出，发挥制度优势，形成统一的区域市场。

二、呼包鄂乌城市群创新能力与创新合作的媒介因素分析

呼包鄂乌城市群为黄河"几"字弯的增长极，通过呼包鄂乌的发展来进一步带动周边地区高质量发展。从城市群的成长规律来看，

城市群中心城市对外围城市的辐射带动作用需要通过具体的中间媒介，地方政府正是通过这样的媒介来转化为区域协同创新的政策抓手。从创新的空间扩散过程理论来看，创新能力、创新辐射与创新合作的中间媒介分别为创新链、产业链与以交通信息等基础设施、公共服务、营商环境为代表的社会治理的一体化①。

（一）创新链的合作与辐射带动

从创新链的价值视角，可将创新的阶段划分为知识创新、技术创新和产品创新，形成创新价值链。城市群的创新辐射正是基于城市的功能与专长，形成创新价值链分工。首位城市凭借高校、科研和大量的人才，在知识和技术的创新方面进行突破性创新和思想源泉积淀②。其他城市通过资源、土地、人力等优势，结合制造业、能源产业、物流业等优势发展中试、孵化、应用、生产和改进等环节的重要功能，在技术和产品创新中发挥重要作用③。

（二）产业链的合作与辐射带动

现代产业发展的体系化体现在基于产业链的价值辐射，从原材料直至终端产品制造的各生产部门完整链条。伴随技术的演进，复杂系统下的现代产业集群形成了基于企业的分工与高度专业化。城市群在进行产业链塑造的过程中形成不同城市基于产业链上下游的复杂分工与联系。首位城市通常从事产业链的核心环节和高价值环节，如设计、研发、金融等现代服务业和高端制造的技术支撑环节，其余城市

① 徐雪琪，程开明. 创新扩散与城市体系的空间关联机理及实证 [J]. 科研管理，2008（5）：9-15.
② 高丽娜，宋慧勇，张惠东. 城市群协同创新形成机理及其对系统绩效的影响研究 [J]. 江苏师范大学学报（哲学社会科学版），2018，44（1）：125-132.
③ 孙瑜康，李国平. 京津冀协同创新中北京辐射带动作用的发挥效果与提升对策研究 [J]. 河北经贸大学学报，2021，42（5）：78-84.

往往从事制造环节和创新产业配套，城市间形成基于产业链的细分与合作，共建一种联系紧密的空间复杂态。

（三）社会治理的一体化发展

城市群的产业链和创新链的辐射带动作用离不开创新环境的支撑，尤其是基于交通、信息一体化的社会治理支持。城市群内的知识溢出要借助交通设施、公共服务、信息基础设施等迭代与升级，提高人才、资金、信息的流动速度，降低交易成本。伴随城市群数字化、一体化、协同化的推进，城市群内将形成基于机场、城际铁路、高速公路等交通网络体系的交互系统，大大改善创新溢出的联通渠道，加速创新在城市群体系中的扩散①。

三、制约呼包鄂乌城市群创新辐射带动作用的因素分析

（一）呼包鄂乌城市能级规模差距大，创新溢出动力不足

已有研究表明，创新溢出具有显著的"富人俱乐部"效应②。该效应是指复杂网络中富节点倾向于与富节点连接，因此只有城市间的创新水平在适度范围，创新溢出效应才能充分发挥，而目前呼包鄂乌城市群的创新网络缺乏强有力的创新节点和创新走廊。从呼包鄂乌城市群创新要素的指标对比来看，如表 3 - 1 所示，自 2009 年至 2019 年，四地的创新能力均有明显的增长。2009 ~ 2019 年，呼包鄂乌的研发经费内部支出由 48.3 亿元增长到 128 亿元，增长 165%，研发人员从 18613 人增加到 32263 人，增长 73%。创新投入大大增加了

① 徐祯，李国平，席强敏，吕爽. 北京市建筑设计产业空间分布与区位选择 ［J］. 地理科学，2021，41（5）：804 - 814.
② 孙瑜康，李国平. 京津冀协同创新中北京辐射带动作用的发挥效果与提升对策研究 ［J］. 河北经贸大学学报，2021，42（5）：78 - 84.

创新产出，10 年间，呼包鄂乌的国内专利授权量由 589 件增加到 7665 件，增长了 13 倍。其中，呼和浩特市在研发经费支出、R&D 人员、国内专利授权量方面增量都高于其他地区，是黄河"几"字弯创新上升的首位城市，这反映出呼和浩特市在形成呼和浩特市都市圈中的首位发展趋势。

表 3 - 1　　　　　　　呼包鄂乌四地创新要素指标对比

年份	地区	GDP		R&D 经费内部支出		R&D 人员		国内专利授权量	
		规模（亿元）	比重（%）	规模（亿元）	比重（%）	规模（亿元）	比重（%）	规模（亿元）	比重（%）
2009	呼和浩特	1644	25	8	17	5290	28	437	74
	包头市	2169	34	19	39	10654	57	48	8
	鄂尔多斯	2161	33	21	43	2557	14	87	15
	乌兰察布	500	8	0.3	1	112	1	17	3
2019	呼和浩特	2792	28	44	34	12399	38	3492	46
	包头市	2712	27	43	34	12714	39	2007	26
	鄂尔多斯	3605	37	38	30	6478	20	1584	21
	乌兰察布	808	8	3	2	672	4	582	7

资料来源：《内蒙古统计年鉴 2020》《内蒙古统计年鉴 2010》《2019 年内蒙古自治区科技公报》《2009 年内蒙古自治区科技公报》。

　　虽然呼包鄂乌城市群创新发展的成绩显著，但也要看到，城市群在呼包鄂乌内部的网状协作创新作用发挥仍不够充分。根据《呼包鄂乌"十四五"一体化发展规划》要求，应逐步形成四地协同发展局面，缩小区域发展差距。然而，从 2009 年到 2019 年，呼和浩特市在研发经费内部支出、研发人员、国内专利授权量等创新要素的增长速度远快于其他地区，但从经济规模占呼包鄂乌城市群的比重来看，呼和浩特市在城市群中的首位度还有待进一步提升，尤其是通过科技创新驱动经济发展方面，还需畅通创新扩散渠道，发挥创新要素在经济推进中的动力作用。乌兰察布市从创新要素和经济规模发展来看，仅占城市群经济规模的8%，城市群反向极化现象突出，可见，呼包鄂乌一体化发展中，要想形成网状协同，需要缩小这种极化现象。

从表3-2来看，包头市的创新要素规模虽然与呼和浩特市、鄂尔多斯市比较差异不大，但增速较为缓慢，值得关注，尤其是在2020年研发经费占城市群的43%，占包头市GDP的21.5%，但从经济发展的规模和增速来看，科技创新要素在经济发展中的创新扩散还有进一步提升的空间。鄂尔多斯市在创新要素增长中还有进一步的提升空间，尤其是以研发投入推动经济规模进一步提升方面，可以看出很大的发展潜力。

表3-2　　　　　　　呼包鄂乌研发投入与经济规模对比

年份	地区	GDP		R&D 经费内部支出		R&D 经费内部支出占 GDP 的比重
		规模（亿元）	比重（%）	规模（亿元）	比重（%）	比重（%）
2020	呼和浩特市	2801	28	47	34	16.8
	包头市	2787	28	60	43	21.5
	鄂尔多斯市	3534	36	29	21	8.2
	乌兰察布市	827	8	4	2	4.8

资料来源：内蒙古统计年鉴。

（二）呼包鄂乌创新链、产业链的技术邻近性不足，产业同质化有余而互补不足

从《呼包鄂乌"十四五"一体化发展规划》来看，以呼和浩特市为龙头发展现代服务型经济，以包头市稀土新材料为重点建设战略

资源基地，以鄂尔多斯市为重点建设现代能源产业基地，以乌兰察布市为支点打造物流枢纽和口岸腹地，推动形成特色鲜明、分工合理、相对完整、安全可靠的区域产业链供应链体系。但是，从呼包鄂乌四地产业结构的匹配情况来看，产业结构整体传统产业占比突出且同质化发展，如表3-3所示。一是以计算机、通信和其他电子设备制造业为代表的创新产业占比极低，仅有鄂尔多斯市的2.18%。二是制造业同质化特征突出，包头市和乌兰察布市在黑色金属冶炼和压延加工业的占比都很高，且包头市、鄂尔多斯市、乌兰察布市产业结构雷同。

表3-3　　　　　　　　呼包鄂乌产业结构匹配情况对比　　　　　　单位：%

排名	产业结构			
	呼和浩特市	包头市	鄂尔多斯市	乌兰察布市
1	食品制造业（47.08）	黑色金属冶炼和压延加工业（33.88）	煤炭开采和洗选业（38.28）	黑色金属冶炼和压延加工业（52.2）
2	石油、煤炭及其他燃料加工业（11.11）	有色金属冶炼和压延加工业（23.32）	化学原料与化学制品制造业（14.52）	电力、热力生产和供应业（17.21）
3	非金属矿物制品业（9.2）	金属制品业（8.77）	电力、热力生产和供应业（6.08）	化学原料和化学制品制造业（12.41）
4	电力、热力生产和供应业（8.9）	非金属矿物制品业（5.84）	黑色金属冶炼和压延加工业（4.92）	非金属矿物制品业（7.79）
5	烟草制品业（4.5）	电力、热力生产和供应业（4.7）	石油、煤炭及其他燃料加工业（4.72）	农副食品加工业（2.39）
6	化学原料与化学制品制造业（4.2）	化学原料与化学制品制造业（4.11）	计算机、通信和其他电子设备制造业（2.18）	食品制造业（2.0）

资料来源：产业结构数据来自包头市、鄂尔多斯市、乌兰察布市的2021年统计年鉴和2020年呼和浩特市国民经济和社会发展统计公报。产业结构由2020年规模以上工业企业分行业营业收入占比表示。

三是创新辐射效应不足。如表 3-4 所示，从呼包鄂乌四地的发明专利技术数量来看，呼和浩特市和包头市远领先于鄂尔多斯市和乌兰察布市，但二者的技术转移和创新扩散效应并未发挥，产业结构中创新链与产业链缺乏有效衔接，这一点从呼包鄂乌四地的研发投入中也可验证。因此，呼包鄂乌在对标发展规划的过程中，应明晰自身发展优势，围绕区域整体进行产业和创新布局，形成基于整体性意义上的创新链与产业链对接，推动区域协同创新发展。

表 3-4　　　　　 2010~2021 年呼包鄂乌发明专利申请人
技术重心指数分布

国际专利分类表种类	申请人发明专利技术重心指数分析							
	呼和浩特市		包头市		鄂尔多斯市		乌兰察布市	
	数量（件）	比重（%）	数量（件）	比重（%）	数量（件）	比重（%）	数量（件）	比重（%）
A：人类生活必需品	1284	37	66	3	38	5	19	13
B：作业；运输	391	11	650	27	115	16	28	20
C：化学；冶金	861	24	938	40	305	41	36	25
D：纺织；造纸	22	1	18	1	20	3	4	3
E：固定建筑物	106	3	93	4	79	11	9	6
F：机械工程；照明；加热；武器；爆破	96	3	155	6	63	8	11	8
G：物理	488	14	244	10	79	11	19	13
H：电学	245	7	205	9	38	5	17	12

资料来源：中国国家知识产权专业数据库，内蒙古知识产权服务中心。

（三）呼包鄂乌城市功能发展定位与实际发展存在差异，创新空间布局需要对标

城市功能定位与实际发展对标是创新空间布局的重要衡量载体。

从自治区主体功能区定位来看，着力统筹区域差异化协调发展，打造"一核双星多节点"城镇空间格局，重点推进呼包鄂乌城市群建设，构建四中心带动、三层及联动、多节点互动的网络型城市群结构。从城市的功能定位来看，结合呼包鄂乌四地的实际功能演变，针对《内蒙古自治区主体功能区规划》所明确的呼包鄂乌各重点开发区的发展功能定位、发展方向和主要目标进行比较，本研究依据《中国城市统计年鉴》2010 年、2015 年和 2019 年的各行业从业人员数据，计算呼包鄂乌城市群各城市的具体功能区位熵值。根据测算值，进一步观察 2010~2019 年间呼包鄂乌城市主体功能和结构的演化发展趋势，结合表 3-5 所示的呼包鄂乌城市各行业发展的城市功能区位熵（2010~2019 年），可以得出各重点开发区规划发展与实际发展的差距，如表 3-6 所示。

表 3-5   呼包鄂乌城市功能的区位熵值

| 年份 | 第一产业 | 第二产业 | | | | | 第三产业 | | | |
	农林牧渔	总体	采矿业	制造业	电力等生产和供应业	建筑	总体	行政	生产性服务业	生活性服务业
呼和浩特市										
2010	0.107	0.880	0.009	1.242	1.151	0.873	1.235	1.022	1.424	1.211
2015	0.107	0.829	0.008	0.862	1.218	1.218	1.220	0.818	1.510	1.277
2019	0.116	0.879	0.004	1.104	0.978	1.213	1.081	0.772	1.343	1.142
包头市										
2010	0.089	1.632	0.393	2.594	0.969	1.181	0.820	0.581	1.025	0.849
2015	0.082	0.820	0.394	2.265	0.945	1.521	0.788	0.586	0.868	0.892
2019	0.048	1.550	0.614	2.191	0.976	1.718	0.840	0.652	0.878	0.982

续表

年份	第一产业	第二产业					第三产业			
	农林牧渔	总体	采矿业	制造业	电力等生产和供应业	建筑	总体	行政	生产性服务业	生活性服务业
鄂尔多斯市										
2010	0.253	1.246	2.373	1.134	1.169	0.074	1.004	1.427	0.790	0.893
2015	0.253	1.148	0.763	1.298	1.193	0.954	1.033	1.205	0.892	1.051
2019	0.077	1.555	3.229	1.190	1.193	0.954	0.836	1.080	0.670	0.808
乌兰察布市										
2010	0.230	0.601	0.166	0.486	1.519	0.827	1.367	1.907	1.114	1.295
2015	0.198	0.535	0.052	0.520	1.367	0.423	1.376	2.150	0.996	1.180
2019	0.165	0.679	0.000	0.901	1.170	0.359	1.152	1.873	0.644	1.029

表 3-6　　　　　呼包鄂乌主体功能区规划与实际发展情况

城市	发展定位	规划功能	实际功能	两者差距
呼和浩特市	建设现代服务业中心；建设科技创新研发基地；建设全区文化中心；建设绿色农畜产品加工基地；选择性发展先进制造业和新能源产业	生活性服务业、生产性服务业、科学研究、文化中心、技术服务和地质勘查业、制造业、行政	制造业、建筑业、生产性服务业、生活性服务业、科学研究、技术服务和地质勘查业、文化、体育和娱乐业	基本符合，仅有行政功能不足
包头市	加强技术创新，推动产业升级；促进煤—电—铝深加工一体化发展；建设全国稀土新材料产业研发基地；发展先进制造业；发展配套生产性服务业	科学研究、技术服务和地质勘查业、制造业、生产性服务业	制造业、建筑业	科学研究、技术服务和地质勘查业生产性服务功能不足

城市	发展定位	规划功能	实际功能	两者差距
鄂尔多斯市	能源基地；建设新型化工基地；提升农畜产品加工业；完善城市管理机制和综合服务功能	采矿业、电力、燃气及水的生产和供应业、制造业、行政	采矿业、制造业、电力、燃气及水的生产和供应业、行政	基本符合
乌兰察布市	建设国家绿色农畜产品生产加工基地；发展氟化工业；完善交通基础设施；重点发展物流业；推进集宁区中心城市建设	制造业、建筑业、交通运输、仓储及邮政业、行政	电力、燃气及水的生产和供应业、行政	制造业、建筑业、交通运输、仓储及邮政业功能不足

从表 3-6 看，呼和浩特市、包头市、鄂尔多斯市作为国家级重点开发区，是自治区经济发展的中坚力量，同时也是全国重要的农畜产品加工基地、能源基地、新型化工基地、稀土材料研发基地、北方地区冶金和装备制造基地、科学技术研发基地以及现代化服务业基地。三市产业分工有序、错落发展，建设更为丰富的交通干线和沿黄产业带，以此形成互补、互动、共通、共享的城市群发展格局，辐射周边区域发展。而乌兰察布市作为自治区级重点开发区，应积极融入呼包鄂城市群发展，充分发挥自身区位优势，发展特色产业和现代物流业，建设成为西部经济发展的重要组成部分，形成呼包鄂乌城市群一体化发展，成为西部地区城市群发展的"新高地"。

通过与 2012 年的主体功能区规划对比，核心发展区域的呼包鄂乌城市群大体上可承担其城市功能。

呼和浩特市已经展现出在现代服务、科技创新以及制造等领域的城市功能的发展优势，但体现行政功能的公共管理和社会组织并不具有区位竞争优势，这与其内蒙古自治区首府的形象略有差异。

包头市作为北方重要的制造业基地，以此功能定位的城市功能是相符的，但体现科技功能的科学研究、技术服务和地质勘查业呈现下滑态势，不仅如此，以促进技术进步和产业升级为主要功能的生产性服务业呈现出"正 U 型"变化趋势，从 2010 年的 1.025 降至 2015 年的 0.868，又在 2019 年上升至 0.878，这两项城市功能的不足，使得包头市的制造业无法获得支撑。包头市城市功能和产业布局需要突破传统制造业束缚，拓展高端制造业的发展空间。鄂尔多斯市作为能源、新型化工基地和农畜产品加工基地，其核心功能涵盖采矿、电力、燃气及水的生产和供应业以及制造业，城市综合服务功能涵盖城市建设、公共管理与社会组织，鄂尔多斯市城市功能与规划相符，完成了主体功能区规划发展。

乌兰察布市以京包沿线为主轴，围绕集宁区布局产业带，其农畜产品加工基地和氟化工业功能的制造业，虽然没有达到专业化程度，但通过区位商的变化趋势，可看出，乌兰察布市通过近些年的城市建设以及发展重心调整，正重点发展制造业。作为物流枢纽，乌兰察布市连接华北、西北和东北经济区，是一带一路中欧班列的节点城市。支撑乌兰察布市现代物流业发展的交通运输、仓储和邮政业未能形成专业化竞争优势。在推进集宁区的中心城市建设过程中，公共管理和社会组织的区位优势为乌兰察布市提供了较好的组织支撑，但推进城市建设功能发展的建筑业却显不足。

城市功能背后是产业之间的交互与人口的集聚关系，城市功能的规划与发展之间失调会导致区域产业链与创新链的融合不足，更会导致人才的外流与吸引力不足。

（四）呼包鄂乌创新环境欠佳，制度和社会治理创新不足导致创新要素壁垒

区域创新系统理论认为，人才与高技术企业的吸引关键在于良好

的创新环境。从当前呼包鄂乌城市群的发展来看，四地在协作创新的过程中，人才和高技术企业等创新要素会首先考虑创新环境更优的地区，因此对四地创新环境优化，可以很好地吸引创新要素的集聚。但是，从统计数据来看，四地的科技创新人才呈现分化态势，其中，呼包地区为吸引科技创新人才的明星区域，鄂尔多斯市紧随其后稍显平庸，乌兰察布市则较为落后。已有研究得出①，呼包鄂乌人才吸引方面的障碍排名依次为公共服务水平（21.70%）＞自然生态环境（18.47%）＞经济发展水平（17.35%）＞教育文化环境（16.29%）＞科技创新环境（15.83%）＞交通便利程度（10.36%）。可见，公共服务水平是呼包鄂乌城市群创新人才吸引需要克服的首要因素，这种公共服务的提升背后是软环境建设的努力，如营商环境、市场化水平、政府效能、区域企业家精神、公共服务和社会治理的不断提升等，需要通过一系列基于创新环境改善的社会治理体系建设与耦合协调发展，以进一步优化呼包鄂乌城市群整体的人才吸引力。

四、提升呼包鄂乌城市群协同创新与辐射带动作用的对策建议

（一）加强网络中次级创新节点培育，擘画创新网络结构

为了促进区域创新成果在呼包鄂乌城市群创新网络中充分扩散，需要通过缩小创新节点的能级差距，提升呼和浩特市城市首位度，推动呼包鄂国家自主创新示范区建设、呼和浩特市国家乳液技术创新中心、包头市国家稀土新材料创新中心（北方中心）、鄂尔多斯市国家可持续发展议程创新示范区建设，以四中心带动多节点互动，加快壮

---

① 该数据来自内蒙古社科基金重点课题"以人口功能优化布局带动呼包鄂乌城市群创新高质量发展"第三章关于呼包鄂乌城市功能演化的分析，详见任捷论文《呼包鄂乌城市群科技创新人才吸引力评价与障碍因子诊断》。

大准格尔旗、达拉特旗、土默特右旗、土默特左旗、托克托县、和林格尔县、丰镇市等城镇规模，培育重要创新节点。加强呼包鄂乌城市群内部的科研与技术合作，发挥这些地区在土地、交通、政策等方面的优势，形成区域创新功能的分工，将创新的孵化、中试、生产制造等环节放在重要节点，打造呼包鄂乌结构合理、梯度分布、分工协作的创新网络体系。在创新节点的打造过程中，要充分发挥高校、科研院所和研发机构的战略新兴产业策源地作用，既要有序发展"飞地经济"，又要发挥利用好"本土资源"，协同布局重大创新资源，带动一批高质量的产业项目和创新项目入驻，推动形成各类园区模式，尤其是"研发—孵化—转化"的产业链合作。

（二）加强创新链产业链分工协作，加速技术转化应用

为了更好地形成区域创新生态，加速呼包鄂乌城市群创新要素交互，需要形成城市间的产业集群与产业互补，提升产业层次和发展能级，构建基于产业链和创新链的协同，打造有竞争力的增长极，增强对全区经济增长的贡献率。一是立足呼包鄂乌能源资源优势，采用高新技术和先进使用技术，围绕数字化、低碳化、绿色化等理念进行资源型产业链"煤头化尾"，延长资源型产业链的中下游产业，提升国家能源战略布局中的地位。二是利用稀土战略资源，大力发展稀土产业，提升稀土资源的综合利用和产业精深加工程度，打造具有全球影响的"稀土＋"产业中心。三是大力培育新产业、新动能、新增长极，重点发展非煤产业、非资源型产业、现代服务业等，推动石墨烯新材料创新中心，发挥并推动建设乳液技术研究院、乳液技术中心、国家稀土新材料技术中心、可持续发展创新示范区，组建中国马铃薯研究院，搭建创新平台体系，为区域高质量发展提供新动能。

（三）布局高科技产业集群，打造区域性科创走廊

从发达城市群的经验来看，长三角和粤港澳大湾区所形成的城市间产业分工，归根于城市间所建立的基于技术关联的产业链协作。这种协作的一个重要载体即区域科创走廊，作为区域创新协同的平台，以长三角为例，2020 年 11 月科技部会同国家发展改革委员会等联合印发《长三角 G60 科创走廊建设方案》，明确推动长三角 G60 科创走廊成为中国制造迈向中国创造的先进走廊、科技和制度创新双轮驱动的先试走廊、产城融合发展的先行走廊。从当前呼包鄂乌城市群的发展来看，在推进区域一体化的进程中，应关注区域间的创新联结点和创新走廊分布，形成产学研用深度融合的科技创新体系，围绕优势特色产业进行强链、补链，集中力量整合上游科研资源和力量进一步提升关键性技术平台，通过揭榜挂帅、一心多点等方式推动共建知识产权服务平台和技术交易平台，为进一步推进合作与创新空间展开创新空间载体与平台化建设。

（四）加强创新制度供给，提升人才和企业的吸引力

为进一步提升呼包鄂乌城市群创新环境优化和制度供给，需要积极推进基于数字化的城市社会治理一体化，积极培育市场主体，推动民营企业和本土品牌培育。在创新溢出时，加强创新驱动发展的制度供给，创新型企业的选址注重当地制度环境和文化氛围。围绕区域一体化推进营商环境优化，持续营造办事方便、法治良好、成本竞争力强的营商环境，增强服务意识，提高区域一体化市场化水平。持续强化人才支撑，结合产业需要，围绕区域人才生态优化，吸引和培养各类人才，尤其是科技创新人才和企业创新人才。在制定人才政策时，聚焦吸引技术工人、业务骨干和大学毕业生，尤其是本土人才的引留育用。关注和解决人才的户籍、医疗、教育、养老等问题，带动区域

公共服务和区域发展结构优化。

　　综合呼包鄂乌城市群创新要素集聚与辐射的影响因素分析，呼包鄂乌城市群创新要素集聚和辐射带动作用的重要保障在于城市群创新要素的整合与作用发挥，从内部来看，这种辐射作用受到区域差距小、科研合作、技术辐射、高技术产业分布的影响。从外部来看，创新辐射作用的发挥在于创新环境的优化和社会治理的数字化转型，以及二者之间的耦合协调作用。据此，本研究进一步探索了呼包鄂乌社会治理数字化转型与创新环境之间的关系，以支撑构建呼包鄂乌城市群数字化社会治理转型的目标模式与实现路径。

▶ 第四章 ◀

呼包鄂乌社会治理数字化转型
与创新环境优化耦合分析

数字化社会治理是当前数字中国转型的必然要求。从科技与社会治理融合的维度来看，其中的关键趋势之一即是创新环境优化、技术赋能与社会治理数字化转型之间的耦合关系，实现三者之间的良性互动发展。基于此，本研究通过文献回顾来梳理三者之间的交互与关联，由此构建三元耦合系统，结合呼包鄂乌的面板数据，测算三元耦合的耦合度和耦合协调度，分析呼包鄂乌科技创新同社会治理融合情况的综合情况，为呼包鄂乌"十四五"期间政策制定提供思路和依据。

一、呼包鄂乌数字化社会治理与创新环境优化耦合分析研究设计

在大数据时代环境下，数字化驱动政府治理方式转型升级，以智能化、数字化的新型治理技术，为政府数字治理进行技术赋能，通过技术创新改进治理模式、改变治理手段，提升政府治理能效。因此数字化社会治理能够支撑科技资源，并促进科技创新，给予技术赋能广阔舞台。而作为创新驱动发展战略的主题内容，创新环境优化是技术赋能数字化社会治理发展的核心诉求。创新环境为科学发现和技术发

明提供环境支撑，也将为社会治理创造更为丰富的应用场景。创新环境本身涵盖技术和资源双向指向，在映射科学发现和技术发明创造及应用动态过程的同时，也强调社会治理的促进作用以及市场的价值评判。技术赋能在广义上是指作为要素投入的科技资源，狭义上是指科技创新与政府治理的深度融合。其中科技资源是数字化社会治理的重要支撑，为科学技术创造提供物质资源或知识资源，通过技术创造、科技研发等科技活动转化为科技创新成果。科技创新为科技资源提供转化动力和目标，积极的创新成果能够改善创新环境，加快科技资源集聚。同时技术赋能是创新环境优化的内生因素，社会治理促进创新环境优化过程中，通过要素投入、知识积累、突破式创新集聚等影响要素推动区域创新高质量发展。科技创新既能够促进创新环境优化，又对社会治理过程中科技资源集聚作用显著；科技资源在赋能数字化社会治理的同时，也能够对创新环境优化有所贡献。基于上述梳理，社会治理数字化、技术赋能、创新环境三者间相互作用，构成一个具有协同关系的复合耦合系统。

二、呼包鄂乌创新环境—科技资源—数字化社会治理耦合系统

（一）创新环境优化与数字化社会治理

创新环境优化长期以来都是学界主要研究问题之一，诸多研究都在探索如何推动创新环境的持续优化。1912 年，熊彼特在《经济发展理论》中首次系统阐述了对创新的认知，并定义创新为经济内在发展的唯一动力，只有通过创新不断打破均衡，才能够促进经济发展[①]。此

---

① 约瑟夫·熊彼特. 经济发展理论 [M]. 贾拥民，译. 北京：中国人民大学出版社：熊彼特著作集，2019（8）：252.

后，熊彼特拓展了创新的内涵外延、形式内容以及领域和范围等理论框架，形成了创新理论体系。20 世纪 80 年代中后期开始，随着创新对经济影响性的研究不断深化，"新增长理论/内生增长理论"为创新环境的优化提供了实现宏观与微观统一的可能①。就宏观层面而言，创新环境优化能够促进要素配置效率，提高社会治理的效能，以学者弗里曼（Freeman，1987）为代表，他在研究战后日本经济复苏和发展经验时，提出政府独特的治理模式在日本企业发展中起到了重大作用。据此，弗里曼提出了国家创新体系这一概念，并提出创新需要多创新主体之间要素流动，实现系统的整体功效。就微观层面而言，创新环境优化直接作用于企业创新环境之中，需要同时考量创新所嵌入的社会治理环境如何。学者张成岗（2020）认为以科技支撑的社会治理对创新环境的优化和驱动有着正向作用。随着创新理论的发展，学者库克（Cooke，1992）、威格（Wiig，1995）提出区域创新体系的概念，认为区域性组织系统是由区域中相互作用的创新主体构成的，在创新过程中区域创新性组织系统的社会治理会对区域创新环境优化产生影响。OECD（2011；2016；2019）以国家创新体系研究为基础，系统分析了国家和政府创新治理能力的提升，提出了治理政策连贯、整体、智能数字化等趋势。从实证角度来看，学者斯托克（Stoker，2002）、奥勒（Ohler，2005）、基维马（Kivimaa，2016）等通过实证分析区域治理创新案例，研究创新环境优化与社会治理数字化转型之间的互动关系，说明社会治理在推进环境创新方面的积极作用。

（二）数字化社会治理与科技资源支撑

以科技支撑社会治理是党的十九届四中全会公报的新增内容，科

---

① 张建华，杨少瑞. 发展经济学起源、脉络与现实因应 [J]. 改革，2016（12）：134 – 143.

技资源作为科技创新和创新环境优化的基础资源，能够为社会治理提供手段和方法。一些学者（薛澜，2016；张成岗，2020；李韬，2020；刘松，2020；张志强，2020；李佩，2020等）提出通过科技赋能创新体系，构建我国社会治理体系，以物联网、大数据、人工智能完善社会治理方法手段和政策体系，增强创新制度执行力，加强创新体系社会治理，提升社会治理数字化智能化能力和水平。从宏观角度来看，一些学者（俞可平，2015；童星，2018；魏礼群，2020；张成岗、李佩，2020）系统研究了国家治理现代化和社会治理相关理论，从治理维度上涵盖治理环境、治理结构、治理过程或程序、治理方式、治理内容、治理主体等，这些维度将治理锁定为多元主体的协商过程，在治理过程中要重视科技的融入，多方治理主体在治理结构中的作用，以及对治理效能的多方回应。以往学者还进一步基于呼包鄂区域发展进行了相关研究，张璞（2019）、张江朋（2019）、张斯琴（2020）等以呼包银榆经济区作为资源地区转型代表区域，对其区域协同理论研究进行了梳理，指出区域创新优化的协同社会治理聚焦于协同创新、区域协同、产业协同和产业发展，协同发展驱动区域创新治理。

综合上述分析，从学界对呼包鄂乌创新环境优化、科技赋能与社会治理数字化转型路径的研究来看，国内学者多从一个侧面进行剖析，而从治理理论和创新理论视角对三者进行系统性梳理十分不足，尤其从系统的统计数据或进行实地调查的研究更为缺乏。以区域创新环境优化为切入点展开社会治理数字化发展研究是现代社会科学十分关心的问题。从创新理论的演化来看，学界关于创新的概念和内涵可以达成共识。创新要素集中于高校、科研院所、企业和中介机构等，创新主体通过交互发生作用，传播和交流知识、技术、信息和资本等。一方面，区域主体发挥个体的功能性作用，通过系统内创新协同推动耗散结构演化，实现创新体系整体功效。另一方面，从系统论来看，创新主体寓于系统之中，同外界不断进行物质、信息和能量交换，其中社会治理是创新系统所嵌入的外环境，创新的发生离不开治理的支撑和保障。

（三）创新环境—科技资源—数字化社会治理耦合系统

1. 数字化社会治理

在大数据时代环境下，数字化驱动政府治理方式转型升级，以智能化、数字化的新型治理技术，为政府数字治理进行技术赋能，通过技术创新改进治理模式、改变治理手段，提升政府治理能效。因此数字化社会治理能够支撑科技资源，并促进科技创新，给予技术赋能广阔舞台。而作为创新驱动发展战略的主题内容，创新环境优化是技术赋能数字化社会治理发展的核心诉求，为科学发现和技术发明提供环境支撑，也为社会治理体系创造丰富的应用场景。

2. 创新环境

创新环境本身涵盖技术和资源双向指向，在映射科学发现和技术发明创造及应用动态过程的同时，也强调社会治理的促进作用以及市场的价值评判。科技创新为科技资源提供转化动力和目标，积极的创新成果能够改善创新环境，加快科技资源集聚。

3. 科技赋能

技术赋能在广义上是指作为要素投入的科技资源，狭义上是指科技创新与政府治理的深度融合。其中科技资源是数字化社会治理的重要支撑，为科学技术创造提供物质资源或知识资源，通过技术创造、科技研发等科技活动转化为科技创新成果。技术赋能是创新环境优化的内生因素，社会治理促进创新环境优化过程中的要素投入、知识积

累、突破式创新提升技术进步的贡献水平。科技创新既能够促进创新
环境优化，又对社会治理过程中科技资源集聚作用显著；科技资源在
赋能数字化社会治理的同时，也能够对创新环境优化有所贡献。基于
上述梳理，社会治理数字化、技术赋能、创新环境三者间相互作用，
构成一个具有协同关系的复合耦合系统。

三、呼包鄂乌创新环境—科技资源—数字化社会治理的指标体系及测度

（一）指标体系构建

根据相关文献研究，本书在耦合系统内分数字化社会治理、技术
赋能和创新环境 3 个子系统，选取的多维度的测量指标体系及数据来
源如表 4 - 1 所示。数字化社会治理的测量指标体系分为 4 大类，
SS1 - SS4 反映该城市的信息基础设施情况，SS5 - SS6 反映城市的数
据基础，SS7 - SS14 反映城市服务的数字化应用，SS15 - SS19 反映城
市治理的数字化应用。技术赋能通过 TT1 - TT5 反映城市对科技资源
的投入力度，以 TT6 - TT13 反映科技创新主体的数量，以 TT14 -
TT17 反映其科技创新水平。在创新环境的指标体系中，EE1 - EE3
反映企业的创新环境情况，EE4 - EE5 反映城市的开放程度，EE6 -
EE8 反映该地区整体发展环境情况，EE9 - EE13 反映该地区经济发
展以及数字化产业融合情况。

数据来源于中国城市经济指数 2019、中国城市统计年鉴 2020,
内蒙古统计年鉴 2020 以及北京大学区域创新创业指数 2020。由于中
国城市数字经济指数 2019 中并未提供乌兰察布市的数据，因此本书
用呼和浩特市、包头市、鄂尔多斯市的三者加权平均替代。

表 4 - 1　　　　　　　　　　　　　指标体系及数据来源

子系统	编号	二级指标	编号	三级指标	单位	权重	数据来源
数字化社会治理	S1	信息基础设施	SS1	固定宽带应用渗透率	0~10	0.016	中国城市数字经济指数
			SS2	移动网络应用渗透率	0~10	0.024	
			SS3	城市云平台应用	0~10	0.014	
			SS4	城市信息安全	0~10	0.014	
	S2	数据基础	SS5	城市大数据平台	0~10	0.034	
			SS6	政务数据共享交换平台	0~10	0.033	
	S3	城市服务数字化应用	SS7	教育数字化	0~10	0.014	
			SS8	医疗数字化	0~10	0.012	
			SS9	交通数字化	0~10	0.034	
			SS10	民政数字化	0~10	0.033	
			SS11	人社服务数字化	0~10	0.012	
			SS12	扶贫数字化	0~10	0.012	
			SS13	营商环境数字化	0~10	0.014	
			SS14	生活数字化	0~10	0.013	
	S4	城市治理数字化应用	SS15	公安治理数字化	0~10	0.014	
			SS16	信用治理数字化	0~10	0.034	
			SS17	生态环保数字化	0~10	0.014	
			SS18	市政管理数字化	0~10	0.034	
			SS19	应急管理数字化	0~10	0.012	
技术赋能	T1	科技资源投入	TT1	教育支出	万元	0.016	中国城市统计年鉴
			TT2	科学事业支出	万元	0.013	
			TT3	R&D 内部支出	万元	0.012	内蒙古统计年鉴
			TT4	R&D 投入强度	%	0.013	
			TT5	自然科学与技术领域研究机构 R&D 人均经费支出	万元/人	0.042	
	T2	科技创新主体	TT6	R&D 人员	人	0.014	中国城市统计年鉴
			TT7	普通高等学校专任教师数	人	0.029	
			TT8	普通本专科在校学生数	个	0.029	
			TT9	自然科学与技术领域研究机构数	个	0.037	内蒙古统计年鉴

子系统	编号	二级指标	编号	三级指标	单位	权重	数据来源
技术赋能	T2	科技创新主体	TT10	教育业就业人员占比	%	0.022	中国城市统计年鉴
			TT11	科学研究和技术服务业就业人员占比	%	0.024	
			TT12	制造业就业人员占比	%	0.014	
			TT13	信息传输、计算机服务和软件业就业人员占比	%	0.027	
	T3	科技创新水平	TT14	专利授权数	件	0.020	
			TT15	实用新型专利公开数目	0～100	0.012	
			TT16	外观专利公开数目	0～100	0.013	
			TT17	商标授权数目	0～100	0.013	北京大学区域创新创业指数
创新环境	E1	企业创新环境	EE1	新建企业进入	0～100	0.013	
			EE2	外来投资笔数	0～100	0.025	
			EE3	vcpe投资数目	0～100	0.019	
	E2	市场开放环境	EE4	实际利用外资金额	万元	0.020	中国城市统计年鉴
			EE5	进出口总额	亿元	0.027	
	E3	宏观经济环境	EE6	个人储蓄率	%	0.013	内蒙古统计年鉴
			EE7	失业率	%	0.013	
			EE8	政府预算赤字	万元	0.012	
	E4	产业发展水平	EE9	GDP	亿元	0.012	中国城市统计年鉴
			EE10	人均GDP	元/人	0.016	
			EE11	第二产业占比	%	0.017	
			EE12	第三产业占比	%	0.017	
			EE13	数字化产业融合指数	0～10	0.056	中国城市数字经济指数

（二）熵值法权重计算

熵值法是对系统状态不确定性的一种测量方法，通过计算各个指标的熵值判断其离散程度，以获得各子系统的综合评价分数，当熵值越大时，证明信息量越小，指标效用值越小，其权重越小；而当熵值越小时，则证明信息量越大，指标无序度越低，其权重越大。确定权重的方法如下：

（1）原始数据标准化处理。

为了避免各指标间的量纲差异对结果造成的影响，因此对所有指标进行去量纲化处理，由于指标中存在正向、负向的差别，故处理方式如下：

正向指标标准化：

$$y_{ij} = (x_{ij} - \min x_j)/(\max x_j - \min x_j) + 0.001 \qquad (4.1)$$

负向指标标准化：

$$y_{ij} = (\max x_j - x_{ij})/(\max x_j - \min x_j) + 0.001 \qquad (4.2)$$

其中，x_{ij} 为第 i 个单位第 j 项指标的数值（$i=1, 2, \cdots, n$；$j=1, 2, \cdots, m$），$\max x_j$ 为第 j 项指标的最大值，$\min x_j$ 为第 j 项指标的最小值，参照舒小林等（2015）[1] 的处理办法，避免赋值无意义。

（2）计算第 j 个指标下第 i 个数据占该指标的比重。

$$p_{ij} = y_{ij}/\sum_{i=1}^{n} y_{ij} \qquad (4.3)$$

（3）计算第 j 项指标的熵值。

$$e_j = -k \sum_{i=1}^{n} p_{ij} \ln p_{ij} \qquad (4.4)$$

其中，$k = 1/\ln(n)$，n 为城市个数。

---

[1] 舒小林，高应蓓，张元霞，杨春宇. 旅游产业与生态文明城市耦合关系及协调发展研究 [J]. 中国人口·资源与环境，2015，25（3）：82-90.

（4）计算信息熵冗余度。

$$d_j = 1 - e_j \tag{4.5}$$

（5）计算第 j 项指标的权重。

$$w_j = d_j / \sum_{i=1}^{m} d_j \tag{4.6}$$

（6）计算各地区综合得分。

$$Z_i = \sum_{i=1}^{m} w_j \times y_{ij} \tag{4.7}$$

（三）耦合协同度模型

综合上述分析，以社会治理数字化、技术赋能、创新环境三个系统构建耦合协调度模型，公式如下：

$$C_{ij} = \left[\frac{S \times T \times E}{((S+T+E)/3)^3} \right]^{1/3} \tag{4.8}$$

其中，C_{ij} 为复合系统的耦合度，反映三个子系统间的关联性，其范围为 $[0,1]$。当 $C_{ij} = 0$ 时，三个子系统间无关联性；$C_{ij} = 1$ 时，三个系统有着极强的关联性。S、T、E 分别表示社会治理数字化、技术赋能、创新环境三个子系统分别经过标准化处理后加权平均得到的发展指数。

最后，为了进一步分析各子系统的协同水平，引入耦合协调度函数，公式如下：

$$D_{ij} = (C_{ij} \times T_{ij})^{1/3}; \quad T_{ij} = \alpha \times S + \beta \times T + \gamma \times E \tag{4.9}$$

其中，D_{ij} 为耦合协调度，T_{ij} 为三个子系统协同效应的综合评价指数，α、β、γ 为待定系数，由于考虑三个子系统同等重要，故假设 $\alpha = \beta = \gamma = 1/3$。

在三元系统中，各子系统间互相也具有关联性，同样能构成耦合系统，即共有三个二元耦合系统，其计算公式如下：

$$C_{ij} = \left\{ \frac{X_1 \times X_2}{[(X_1 + X_2)/2]^2} \right\}^{1/2} \tag{4.10}$$

其中，X_1，X_2 分别表示其余的子系统。综合评价指数为二个待定系数的均值。

参照叶堂林、毛若冲（2019）[①]，根据耦合协同度的大小将其划分为 4 个阶段、10 个等级，如表 4 - 2 所示。

表 4 - 2   耦合协调度等级及阶段划分

发展阶段	协调等级	耦合协调度
萌芽阶段	极度失调	[0.0, 0.1)
	严重失调	[0.1, 0.2)
	中度失调	[0.2, 0.3)
	轻度失调	[0.3, 0.4)
起步阶段	濒临失调	[0.4, 0.5)
	勉强协调	[0.5, 0.6)
稳定阶段	初级协调	[0.6, 0.7)
	中级协调	[0.7, 0.8)
成熟阶段	良好协调	[0.8, 0.9)
	优质协调	[0.9, 1.0]

（四）指标得分及分析

根据式（2.6）可得到各指标的权重，如表 4 - 1 所示。同时根据式（4.7）可得到各城市的综合分数，如图 4 - 1 所示。

---

① 叶堂林，毛若冲. 京津冀科技创新与产业结构升级耦合 [J]. 首都经济贸易大学学报，2019，21（6）：68 - 79.

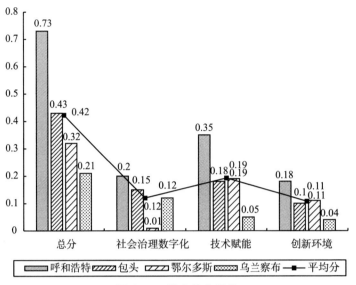

图 4 - 1 城市综合得分

从整体的综合得分看，呼和浩特市处于第一梯队（0.6~0.8），包头市处于第二梯队（0.4~0.6），鄂尔多斯市、乌兰察布市处于第三梯队（0.2~0.4），并且呼和浩特市和包头市总体得分都超过平均水平。从各子系统的得分情况来看，呼和浩特市在各个子系统上的表现都要优于其他三个城市，尤其是在技术赋能的得分中远超其他城市，而在社会治理数字化中并未与包头市有明显差距。包头市、鄂尔多斯市的得分在各个子系统中整体在中间的水平，但鄂尔多斯市在社会治理数字化上并未达到平均水平，在政府数字化治理的转型升级方面还需要加强发展力度。而乌兰察布市由于缺失社会治理数字化水平的数据，但是可从其他两个子系统的得分中看出，乌兰察布市在整体建设方面得分低于平均分，仍需要政府对各个领域加大投入力度和发展力度。

二级指标得分及分析，从各个指标的得分看，如图 4 - 2 所示，呼和浩特市在数据基础、城市服务数字化应用、科技资源投入、科技创新主体、企业创新环境、产业发展水平方面均显著优于其他三个城市，尤其是在数据基础、科技资源投入、科技创新主体、企业创新环境、产业发展水平中拥有绝对性优势，而在信息基础设施、城市治理数字化应用、市场开放环境和宏观经济环境中得分相对较低。包头市在信息基础设施、城市服务数字化应用、城市治理数字化应用方面具有相对性优势，即在数字化社会治理中拥有相对性优势，只在数据基础处于劣势。而在其他指标得分中，均表现在均值附近。鄂尔多斯市在城市治理数字化应用、科技资源投入、科技创新主体、科技创新水平、企业创新环境、市场开放环境、宏观经济环境、产业发展水平方面得分相对靠前，即在技术赋能和创新环境的排名相对靠前，而在数字化社会治理的各项指标中均与其他城市有巨大差距，尤其是在数据基础和城市服务数字化应用方面。乌兰察布市在科技资源投入、科技创新主体、科技创新水平、企业创新环境、市场开放环境方面显著落后于其他三个城市的发展与建设，即在技术赋能发展方面政府投入不够充足。相反，在宏观经济环境的表现较为突出。

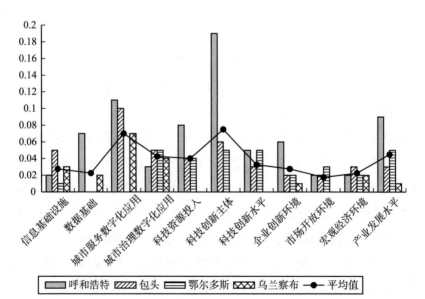

图 4 - 2　城市各指标得分

从各个指标的得分看，在信息基础设施方面，包头市遥遥领先其他城市，而呼和浩特市和鄂尔多斯市并未达到平均水平，仍需加快新型基础设施的建设，为数字化政府转型提供设施支撑。在数据基础方面，呼和浩特市拥有绝对性优势，而包头市、鄂尔多斯市仍处于还在建设的状态，实现"一网办通"的首要任务是打破"信息壁垒"，打通数据连接通道，以"数据传输"代替"群众跑腿"，因此应加快建设城市大数据平台以及实现政务数据共享。在城市服务数字化应用中，呼和浩特市和包头市对涉及民众最关心的医疗、教育、交通等方面的数字化转型较快，而鄂尔多斯市仍需要加快各生活领域的在线服务应用的数字化应用推广。在城市治理数字化应用中，包头市、鄂尔多斯市、呼和浩特市能够广泛应用大数据、云计算等新技术，由技术驱动的城市治理能力创新显著，能主动承担政府管理职能。

在科技资源投入与科技创新主体方面，呼和浩特市处于第一梯队且远远超过其他城市，包头市和鄂尔多斯市处于第二梯队，乌兰察布市处于第三梯度，远远落后于其他城市的投入力度和发展规模，尤其是在教育支出、科研事业支出、R&D 投入和 R&D 人才数量都远低于其他三个城市。在科技创新水平方面，可发现鄂尔多斯市在创新能力上与呼和浩特市的创新能力保持一致，而乌兰察布市的创新能力仍远低于其他三市。

在创新环境方面，呼和浩特市具有压倒性优势，包头市、鄂尔多斯市处于第二梯队，乌兰察布市处于第三梯队，但三者均未达到平均水平，尤其是乌兰察布市仍有较大差距。而在市场开放环境方面，鄂尔多斯市具有绝对性优势，呼和浩特市与包头市处于第二梯队，乌兰察布市明显落后于其他三个城市。在宏观经济环境方面，包头市具有绝对性的优势，另外三个城市整体水平相差无几。在产业发展水平方面，呼和浩特市仍处于第一梯队，鄂尔多斯市处于第二梯队，包头市处于第三梯队，乌兰察布市处于第四梯队。

四、呼包鄂乌社会治理数字化—技术赋能—创新环境耦合协调分析

根据熵值法确定各指标的权重，将各城市的综合得分带入式（4.9）中，得到了社会治理数字化—技术赋能—创新环境复合系统的耦合协调度，以及各子系统的耦合协调度，如图 4 - 3 所示。

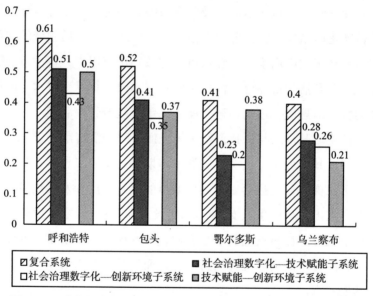

图 4 - 3　城市社会治理数字化—技术赋能—创新环境的耦合协调度

（一）特征分类分布

将耦合协调度按照等级及阶段划分，可得表 4 - 3 所示的特征分类，呼和浩特市处于初级协调、稳定发展阶段，包头市处于勉强失调、起步发展阶段，鄂尔多斯市、乌兰察布市处于濒临失调、起步发展阶段。

表 4 – 3　　　　　　　　特征分类分布

复合系统		耦合协调度					
		严重失调	中度失调	轻度失调	濒临失调	勉强协调	初级协调
发展阶段	萌芽阶段						
	起步阶段				鄂尔多斯市 乌兰察布市	包头市	
	稳定阶段						呼和浩特市
技术赋能—数字化社会治理子系统							
发展阶段	萌芽阶段		鄂尔多斯市 乌兰察布市				
	起步阶段				包头市	呼和浩特市	
	稳定阶段						
数字化社会治理—创新环境子系统							
发展阶段	萌芽阶段		鄂尔多斯市 乌兰察布市	包头市			
	起步阶段				呼和浩特市		
	稳定阶段						
技术赋能—创新环境子系统							
发展阶段	萌芽阶段		乌兰察布市	包头市 鄂尔多斯市			
	起步阶段					呼和浩特市	
	稳定阶段						

　　从各个子系统间的耦合协调度可知，呼和浩特市各子系统均处于起步发展阶段，且整体上各子系统具有关联性，但协调性相对较弱，还应该不断创造良好的创新环境，加大对科技资源的投入，以及提高科技创新水平，促使数字化社会治理水平的提升。

　　包头市各子系统整体上处于起步阶段，技术赋能—创新环境系统的轻微协调（濒临失调），导致无法为数字化社会治理提供有效支撑，因此该市应该继续完善创新环境，促进资源向科技集聚，提升科技创新能力。

鄂尔多斯市各子系统整体处于萌芽阶段，尤其是社会治理数字化与其余两个子系统的协调性相对较差，即目前技术赋能—创新环境的关联性相对较好，能给予数字化社会治理广阔舞台，但该市数字化社会治理水平较低，通过综合评分也可反映此现象，因此还需加快推进政府数字化转型升级。

乌兰察布市从整体看处于萌芽阶段，由于缺失社会治理数字化的相关数据，因此本书不过多分析该系统与其余子系统间的耦合协调情况，但从技术赋能—创新环境子系统的耦合协调度可发现，乌兰察布市仍有较大的改善空间，政府在发展经济、保持稳定的创新环境的同时还应该加快产业结构转型，发展数字经济产业，促进科技资源、科技人才向本地区集聚，提升科技创新能力。

（二）发展规律分析

从呼包鄂乌各城市技术赋能—数字化社会治理—创新环境优化的耦合协调指标测度来看，呈现出以下发展规律。

一是呼包鄂乌技术赋能—数字化社会治理—创新环境优化系统整体进入起步阶段，整体的耦合协调度呈现出两极分化。呼和浩特市进入稳定阶段，包头市进入的是勉强协调阶段，鄂尔多斯市和乌兰察布市处于濒临失调阶段。从城市群一体化发展的进程来看，城市群各子系统间的耦合协同发展阶段日趋同步是城市群一体化进程的重要推进指标。由此可以看出，呼包鄂乌一体化进程中的系统协调是基于顶层设计推进区域社会治理数字化转型的重要方向。

二是呼包鄂乌数字化社会治理—技术赋能子系统呈现两极分化。其中，包头市和呼和浩特市进入起步阶段，分别为濒临失调和勉强协调，而鄂尔多斯市和乌兰察布市仍处于萌芽阶段，且都呈现出中度失调的特征。从总体来看，通过技术赋能数字化社会治理相较于数字技术驱动创新环境优化、数字化社会治理与创新环境互动，整体发展相对较为协调。

三是呼包鄂乌数字化社会治理—创新环境子系统总体失调。呼和浩特市为起步阶段，且濒临失调。包头市、鄂尔多斯市、乌兰察布市都为萌芽阶段，耦合协调阶段分别为轻度失调、中度失调。这部分系统协调度较低，呼包鄂乌城市群整体在该领域需要进行提升。

四是呼包鄂乌技术赋能—创新环境子系统呈现出三级分化。呼和浩特市进入起步阶段，其余三地都为萌芽阶段。耦合协调度除呼和浩特市勉强协调，其余城市都是失调状态。技术赋能创新环境优化整体处于较为弱化的状态，亟待完善技术框架来优化整体的创新环境。

（三）结论与展望

从呼包鄂乌技术赋能—数字化社会治理—创新环境优化系统间的耦合协调的指标测度、耦合分析、耦合协调度测算，得出呼包鄂乌数字化转型进程中技术赋能—数字化社会治理—创新环境优化的耦合协调特征分布和发展规律，研究发现，呼包鄂乌数字化转型进程中，技术赋能—数字化社会治理—创新环境优化整体呈现出两极分化态势，鄂尔多斯市和乌兰察布市在技术赋能社会治理数字化转型进程中仍处于起步阶段，且耦合协调处于中度失调状态。包头市整体处于起步阶段，耦合协调度处于勉强协调阶段。呼和浩特市整体处于稳定阶段，耦合协调度处于初级协调阶段。

从研究结论来看，呼包鄂乌城市群在一体化发展阶段需要围绕各地在发展阶段的不同进行数字化社会治理发展阶段的辨识，构建基于呼包鄂乌地方性探索案例中呈现的动力机制之上的整体目标模式与发展路径，推动呼包鄂乌整体面向区域高质量发展的数字化社会治理转型，实现整体智治。

▶ 第五章 ◀

呼包鄂乌社会治理数字化转型
与创新环境优化的目标模式构建

新发展阶段要求完善社会治理体系，提高社会治理数字化智能化建设水平。新兴科技革命和产业转型发展同国内国外双循环高质量发展格局形成历史交汇，为社会治理数字化转型迈入现代化提供了难得的历史机遇。由此，以信息化、数字化与智能化为代表的新一代通信技术驱动数字化社会治理转型进入加速探索期，各地在具体治理实践中不断探索实现社会治理体系现代化的路径与方法，不断挖掘数字化技术应用与社会治理之间的耦合逻辑，形成了数字化技术应用同社会治理数字化转型的良好局面。但该局面中，东西部差距在不断拉大，随着"十四五"时期西部大开发新格局持续推进，西部地区高质量发展成为区域协调发展的重大议程。呼包鄂乌城市群是国家城镇化战略布局重点培育发展区域，是沿黄经济带核心科技创新区域，从数字化技术在社会治理领域的应用来看涵盖呼和浩特市城市大脑建设、包头市数字网格化社会治理建设、鄂尔多斯市智慧城市建设和乌兰察布市"草原云谷"。当前，呼包鄂乌城市群探索区域一体化数字社会治理驱动经济社会转型升级，面临区域社会治理资源整合不足、社会治理技术框架碎片化、海量数据安全导致复杂性激增等难题，迫切需要通过理论研究反观改革实践，梳理该区域开展社会治理数字化转型的战略意义，构建数字化技术支撑下呼包鄂乌社会治理数字化转型的目标模式和政策路径，对于西部地区创新高质量探索数字化社会治理转型具有参考价值和借鉴意义。

一、数字化社会治理是区域创新驱动发展的迫切需要和战略选择

（一）基于数字化社会治理支撑区域经济体量释放、融合与倍增

"十四五"时期，区域创新高质量发展格局构建的关键是以数字技术为代表的区域经济数字化转型。数字经济是基于数字化信息和知识数据生产要素的使用，嵌入现代信息网络和经济制度网络，有效提升效率和优化结构的一系列经济活动。社会治理是多维大数据融合集散地，海量数字生产要素是区域数字经济发展的前提，社会治理数字化基础数据可以为区域数字经济提供数据资源，是区域数字经济转型支撑的先导力量。在社会治理数字化转型过程中，数字经济体量通过数据要素的潜能激发，社会治理方式、体系、流程的转型，实现基于数字经济的数字产业体量倍增，实现社会政务服务、科教文卫和基础设施建设等公共事业领域数据要素集聚、转换与输出。十四五规划明确指出，打造数字经济新优势，加快建设数字经济驱动投资、消费、金融等经济治理方式变革。数字经济所依托的海量数据和丰富应用场景，可通过数字化社会治理提供，将二者深度融合，通过数字化技术服务培育新经济业态，壮大数字经济发展引擎和动力。

（二）基于数字化社会治理促进区域现代产业体系协调、集聚、开放

现代产业体系伴随颠覆性科技进步逐步演进。相对传统产业体系而言，现代产业体系是指基于区域资源禀赋、产业发展、技术变动与

产企关系而进行的动态调整。在该体系中,数字化治理的开放、多元与共享等有助于形成公平透明的区域市场机制,优化配置区域资源,建立包含专业供应商、服务供给者、技术支撑机构和金融机构并存的产业集群,平衡协调区域产业格局,提升区域产业合作竞争力。从呼包鄂乌区域发展来看,产业一体化格局聚焦于战略数据产业集群、装备制造产业集群、新能源化工产业集群以及金属加工业、绿色农畜产业生产加工产业集群等。基于数字化赋能传统产业,推动传统产业创新升级促进产业"上云用数赋智",形成数字化转型的新产业新业态和新模式,培育推动新兴数字技术同区域产业交互,形成数字化智慧产业体系和集群,丰富基于5G、5.5G的数字技术应用场景和产业生态,在交通、物流、能源、医疗等重点领域进行数字化转型试点示范。重点产业、行业基于数字化发展脉络逐步开放共享数据集群,发展大数据服务产业第三方平台,促进区域社会治理数字化相承接的共享产业、平台产业高质量发展。

(三)基于数字化社会治理倒逼区域政务服务重塑、精准与互信

基于数字化技术建立的政务服务系统和公共服务平台将成为社会治理中公众参与、公众共享、实时交互与高质量反馈的中枢驱动。数字化技术的迅猛发展将大众生活从产业输入端到市场消费端变得愈加便捷多元,技术发展和公众对美好生活的向往倒逼公共服务和政务服务打破以往科层制所带来的信息壁垒、区域阻隔以及数据鸿沟,亟待从数据技术植入到政务服务工具技术手段大规模变迁重塑。就政务服务而言,随着非结构化数据激增,数据应用场景日渐复杂化,这对政务治理的工具和手段提出挑战。数字化转型背景下政务服务亟待跨部门、跨区域、跨层级通过量化分析、预测化决策以及灵敏化行动来快速回应公众需求,通过数字化转型重塑行政体制运行模式和流程,尤其是基层社会治理模式,需要打破传统区域边界壁垒和信息障碍,提

升政府政务服务能力和精准化社会治理效能。就公共服务而言，数字化转型催生多元化治理主体通过制度、技术和流程创新探索，形成组织运行同社会良性互信的多元智治模式，最大化地优化营商环境，让数据成为公众享受美好生活的优化资源，促进政府职能同社会治理的交互融合，实现政务治理能力现代化水平和社会公共服务能力现代化。

（四）基于数字化社会治理推进区域公共安全优化、协同与提升

社会治理的重要领域之一即织密公共安全防护网，针对公共安全领域的要素进行统筹规划。数字化公共安全治理需要从理念融合、体制机制和技术应用三方面进行提升。首先，区域公共安全理念融合，聚焦呼包鄂乌区域社会安全、灾害事故、卫生防疫等安全防护领域展开系统理念植入，将公共安全意识培育延伸到社区、企业、单位、个人，构建区域大安全格局。其次，区域应急治理体制机制改革，将数字化社会治理融入区域已有社会治理网格开展应急治理，以数字化公安、应急以及各类智能平台为依托推动区域应急治理部门协同配合，提升区域重大公共安全事件预警与联动响应能力，提升数字化应急处置能力。最后，加强数字化技术应用，以数字化社会治理战略为依托，进行区域数字化公共安全综合风险评估、综合防灾和安全规划。以区域立体化公共安全防控体系进行重大基础设施安全防范，构筑呼包鄂乌以数字化社会治理为依托的立体全方位安全防护网。

（五）基于数字化社会治理优化区域生态环境安全、绿色与和谐

呼包鄂乌区域是黄河流域高质量发展核心区，是"几"字湾区域生态保护系统重要节点城市群，是国家高质量发展重大战略核心生态保护区。该区域生态保护和高质量发展战略的实施有助于北疆安全生态保护屏障的修复与完善，精准区域生态治理同产业、经济协同发

展。呼包鄂乌区域数字化社会治理可以通过基础数据收集、区域共同体构建以及区域生态平台和系统的建立，一改以往以行政区为单位的区域生态治理，为呼包鄂乌数字化生态治理提供数据和体系支持。区域生产环境保护可以基于区域数据感知系统构建整体化生态治理数字化平台，形成呼包鄂乌山水林田湖草综合数字化系统治理，聚焦生态保护、林草修护、沙化土地治理、水资源节约利用、水土保持等，形成跨区域跨区划智慧生态治理协调机制，完善基于区域智慧社会治理体系下的河长制组织机制，加强黄河"几"字湾内水生态圈保护修复数字化防治力量。

二、呼包鄂乌数字化社会治理与创新环境优化的目标模式与实现步骤

社会治理数字化可理解为数字治理理论或数字化智能治理在社会治理中的扩展与应用，主要指通过新型基础设施建设与现代数字技术融合，充分运用数字化 ICT 技术（信息通信技术）推动区域社会治理主体多元化、区域治理过程精准化、区域治理内容复合化等治理要素数字化转型的过程，以数字化技术为支撑推动经济社会智慧治理转型的活动。

社会治理数字化是一个涵盖基础条件、实现形式与实现目标的有机整体，是呼包鄂乌城市群融入自治区创新发展格局的重要突破口。呼包鄂乌数字化社会治理着眼于优化资源要素配置和生产力空间布局，聚焦数字经济转型、产业交互合作、公共服务优化、风险防控有力、生态安全保障的五位一体战略构建，如图 5 - 1 所示。从数字化转型演进阶段来看，呼包鄂乌区域数字化社会治理战略核心任务将经历从信息化发展到数据化发展再到智能化发展的三个阶段，对应呼包鄂乌区域社会治理未来信息交互—数据驱动—智慧整合演进历程，如图 5 - 2 所示。

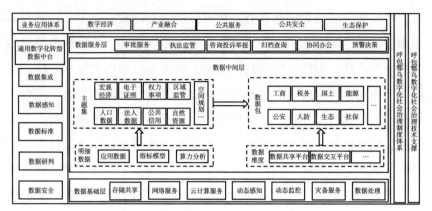

图 5 - 1　呼包鄂乌数字化社会治理目标模式与路径设计

第一阶段，信息化阶段。该阶段以深度应用信息技术为特点，深度应用"互联网＋"IT系统相关技术，改善并固化社会治理业务流程，打通跨区域跨行政区划信息壁垒，形成基于数据资源共享的区域流程系统化，在政务服务、公共服务、基层治理等领域实现数字化转型运作和管理效率提升。

第二阶段，数据化阶段。根据相关法规政策，有序实现共享、开放数据资源，形成基于数字化平台的公共服务和政务服务业务"一网通办"，通过数字化手段整合区域各类专网，强化多元主体同具体情景的连接，充分建模挖掘和深入分析各类数据，形成数据驱动的精准化经济运行、产业交互、服务优化、风险防控、生态安全治理格局，实现呼包鄂乌区域社会治理效能显著提升。

第三阶段，智能化阶段。通过数字化平台建设，提升区域算力，形成数据同社会治理深度融合，数据决策体系深入社会治理基础业务各领域，通过智能技术形成智能化治理与创新，创造基于区域一体化的新的城市发展机会，大力提升呼包鄂乌智慧城市竞争力。

从早期基于整体性治理理论提出的数字治理理论来看，组织需要跨越过度分工、部门本位及行政区划障碍等问题，运用数字化技术进

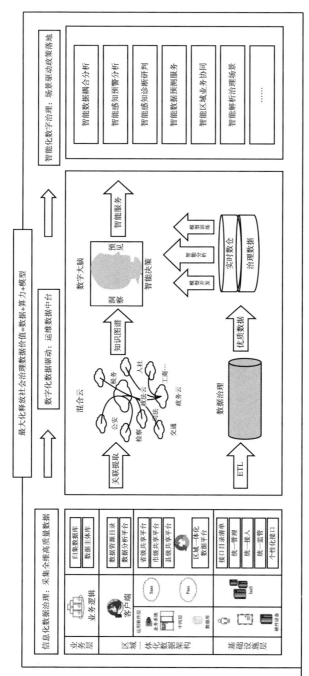

图5-2　数字化社会治理"混合云"设计与数字平台构架

行沟通、协调与合作，充分整合组织部门间的目标与资源，有限经费创造更大效能，有效回应和解决公众的真实诉求，让组织之间形成相互认同、敢于创新并慎用预算的态度和价值。基于整体性数字治理演进方向，呼包鄂乌区域数字化社会治理转型是黄河流域高质量发展核心区，带动呼包鄂乌—河套平原—河西走廊等西部地区同京津冀—环渤海区域协同发展，紧密衔接国家"一带一路"倡议和中蒙俄经济走廊建设，是国家改革开放空间布局中西部科技创新区域和经济增长战略高地，亟待通过整体性治理理论逻辑下的顶层设计，构建区域数字化社会治理目标模式，实现呼包鄂乌区域高质量一体化经济社会发展。

（一）面向呼包鄂乌区域数字化转型发展，构建数字经济创新格局

呼包鄂乌城市群传统发展模式面临环境保护形势严峻、经济转型任务艰巨的问题，亟待将能源禀赋、市场人口红利转化为数据红利，探索适应新兴市场发展环境的数字经济发展模式。数字化转型以数据的海量、多维与相关等特质支撑经济领域的深度挖掘和神经网络关联，实现突破行政区划的经济研判和预测。一是推进呼包鄂乌城市群实施区域数字经济建设。建立基于呼包鄂乌城市群一体化发展下的经济运行基础数据库，进行海量数据收集，打破经济区域部门壁垒，动态监测相关领域经济运行数据，构建基于区域宏观经济、微观经济、行业经济等一体化经济研判分析系统，构建基于数字经济要素的预测数据模型分析体系，围绕区域实时经济运行、经济发展质量、经济指标预测进行数据收集、数据挖掘、数据比对以及可视化、场景化分析。二是推进呼包鄂乌区域经济预测与研判数字化。建立多领域经济风险研判，包括产业增长与升级、技术创新与要素供给、资源优化与能源转型等领域，建立研判经济服务监测平台，实现城市群区域深度融合过程中经济风控与发展系统化、协同化、科学化与精准化。三是

推进呼包鄂乌区域经济决策与政策出台数字化。通过区域经济平台数字化整合与完善，丰富金融、科技、能源、商务等领域数字化场景深度应用，推进决策、执行、控制、反馈等数字化协同项目，实现数据流、算力、技术流、资金、人才等多要素统筹的呼包鄂乌数字经济一体化运行。

（二）面向呼包鄂乌区域一流营商环境，构建数字化产业融合创新格局

数字化社会治理是对社会结构进行的调整与优化，社会结构离不开营商环境、产业结构、市场环境以及公共服务结构的支持。根据粤港澳大湾区研究院和 21 世纪经济研究院联合发布的《2020 年中国296 个地级及以上城市营商环境报告》中，仅鄂尔多斯市排在第 56位，其余呼包乌均在百名之外。数字化产业格局同营商环境密切相关，将产业生命周期的政务、法治、市场、财税、金融等环境优化，从产业需求角度出发持续优化区域政务流程、服务内容和供给方式，提升区域政府间联动监管能力，增进营商服务创新化，提升智能化水平。从目前呼包鄂乌产业格局来看，呼包鄂乌区域传统生产方式是依靠消耗资源进行生产的，通过资源消耗、环境污染换取效益的产业模式。随着计算机控制技术、互联网、数字化技术等的发展，发挥信息资源共享优势，促进呼包鄂乌区域产业结构转型升级，将 OT（运营技术）和 IT（信息技术）融合，直接指向如何降低生产成本、加快产品上市、提高产品质量等智能制造的关键因素。借助工业互联网技术，可以有效提升资源能源型行业工业基础设施和设备流程化、精准化、可视化决策、运营及控制集成能力。一是区域产业实现数字化转型。呼包鄂乌重点行业领域间形成通链协同，基于智能分析将生产要素数据作为区域智能决策重要参考，区域协同建设若干对接国际水准的工业互联网平台和数字化转型促进中心，深化工业生产制造、产业

研发设计、企业经营管理、市场服务等环节的数字化应用，培育发展个性定制、柔性制造等新模式，加快产业园区数字化改造。二是深入推进区域服务业数字化转型，推动区域新基建建设，统筹呼包鄂乌区域各类云资源，推进区域制造业向"制造＋服务"数字化转型，培育众包设计、智慧物流、新零售等新经济增长点。加速发展智慧农牧业，推进农业生产经营、牧业品牌推广和管理服务数字化改造。三是以区域一体化营商环境优化推进产业融合，优化惠企惠产政策，实现"免申即享"，支持建立整合平台型企业服务商业运营统一平台，实现线上线下泛在互联和消费场景间融合互通。

（三）面向呼包鄂乌区域公共服务精准化，构建政务服务一体化平台

数字化公共服务的基本逻辑是以用户为中心，以数字技术为驱动，以服务效率和服务质量提升为导向，整合并建立区域综合化政务服务平台，实现呼包鄂乌政务服务"一网通办"。基于区域一体化的政务服务一体化要克服行政区划阻隔、数据壁垒以及打通"最后一公里"等难题。通过数字同政务服务孪生的数字工具、政务应用场景、政务云构建等应用，提升区域政务服务一体化行政效能，打造呼包鄂乌城市群政务服务竞争有序的数字化改革生态。一是建立政务服务区域一体化平台。构建统一政务云平台，打破区域间政务数据孤岛，将区域政务信息有序整合。二是推进呼包鄂乌重点领域系统平台建设。围绕智慧社区等数字化系统平台，夯实基层社会治理数字化转型的技术支撑。推动区域公共就业服务一体化，形成呼包鄂乌统一的人力资源市场，享受同等就业服务。推动区域医疗联合体建设，探索医学人工智能应用基层辅助系统，探索跨区域、跨区划和跨层级的医学反馈、电子病历、公共卫生等数据在区域内医疗卫生机构间授权使用，强化区域重大疫情跟踪体系，通过"蒙速办""行程卡""健康

码"等数字化技术推动疫情精准防控，通过社会保障一卡通服务，实现医疗卫生服务区域一体化。三是全面实施呼包鄂乌公共政务服务"一网通办"。逐步打造以区域协同发展为指引的数字化政务服务技术平台，建立数字化系统政务服务标准体系，形成线上线下办事流程，融合线上线下政务标准和功能互补，实现全网在线政务服务区域一体化。

（四）面向呼包鄂乌区域公共安全协同化，构建应急治理一体化平台

当代社会学普遍认为，现代社会进入风险社会。随着人类社会呈现出跨地域边界、跨阶层边界、跨国界活动趋势，风险结构也日渐复杂不确定。为回应现代社会转型，新的风险应对和危机治理体系被催生，社会治理呈现出主体多元、技术赋能和结构交织的网格化治理特征。在社会治理数字化转型中，数字化技术嵌入网格，通过网格巡查和数据感知进行区域治理研判、预警与决策，开展区域一体化社会治理。呼包鄂乌区域一体化过程中，数字化技术使得区域社会治理，特别是应急治理，实现有效打击犯罪、维护公共安全或第一时间响应社区突发事件应急反馈需求。一是构建以数字化技术覆盖区域社会安全治理网格。积极推行智慧社区"网格化"管理，形成覆盖全域、泛在共享、共同参与、实时监测、全程可控的全风险防控格局，实现智能化联网建设，尤其是打破区域一体化过程中行政区划边界、城中村、跨域等地理安全盲点，形成立体化社会治理和风险防控体系。二是聚焦区域地理信息系统一体化，推进数字化社会治理平台建设。实现基于区域一体化的交通、医疗、气象、通信、救灾、消防等系统海量数据实时上传，数据决策系统进行快速分析与研判，形成相关信息可视化高清图像呈现，帮助应急治理中多元主体危机决策和情势判断，实现远程规划、遥感、指挥和救助。三是实现安全生产领域和灾

害治理领域数字化转型。通过监测预警、监管预防同安全生产专项整治相结合,实时监测识别风险,实现安全生产领域信息化、数字化和智能化。构建智慧灾害防范监测系统,打造集感知、研判、决策、指挥、协同等多功能于一体的灾情响应设计,实现区域联动灾害预警监测,动态推演灾情趋势,生成更新预案。

(五)面向呼包鄂乌区域生态绿色发展,构建区域生态环境监测平台

习近平总书记指出,"保护生态环境和发展经济从根本上讲是有机统一、相辅相成的。"① 从呼包鄂乌城市群一体化生态发展来看,聚焦沿黄"几"字湾大气、水、土壤、草原、绿地、沙漠等基本生态元素进行环保生态实时监管监测。将数字技术同环境治理相结合,颠覆以往生态治理模式,形成全覆盖、全天候、全区域的预防与动态治理相结合的生态保护网。一是依托呼包鄂乌云架构建立区域生态环境大数据平台,形成区域生态保护基本要素数据库,实现跨区域、跨区划、跨部门的生态绿色信息互联互通。二是通过生态环境数字化应用,将监管与治理场景进行区域化交互,实现生态协同治理全覆盖网格化立体监测体系。三是构建区域水土保持和污染防止数字化应用体系,形成基于呼包鄂乌四地一体的水土环境质量监测网络,构建全生态要素溯源、预测、预警、处置系统,建立工业农业危险废物处置等工业污染的全流程监管、记录与链条式追溯系统。四是建立空气质量监测预警预报体系,形成区域一体化空气 PM10、PM2.5 监测体系,对大气污染形成区域一体化模拟预测与监管溯源。

---

① 把内蒙古建设得更绿更美更富裕——习近平总书记参加十三届全国人大二次会议内蒙古代表团审议时的重要讲话在我区基层干部群众中引起热烈反响 [J]. 实践(党的教育版),2019(3):18-19.

三、呼包鄂乌数字化社会治理与创新环境优化目标模式的技术支撑与联动

数字化社会治理转型的核心价值在于通过高度集成的数据技术赋能社会治理体系，借助数据驱动决策，形成数字化虚拟场景交互，利用数字化仿真与模拟，进行社会全领域治理，实现治理资源和要素的优化配置，开辟数字化社会治理新模式。但基于区域一体化的数字化社会治理并非易事，通过 IMABC 技术形成数据同社会治理孪生，再造数字化社会治理体系目标模式，即通过物联网技术（IoT）、5G 移动通信技术、人工智能（AI）、大数据（BIG DATA）和云计算（Cloud）等技术建构区域一体化数据共享、数据集成、数据标准和数据安全，综合数字化技术应用以支持和保障呼包鄂乌区域社会治理全面数字化转型需求。

（一）聚焦数据共享技术，打破区域社会治理的数据壁垒

数据驱动是数字化转型的关键技术，大数据本身是数字化社会治理的核心要素。数据的聚集与共享是判断社会治理数字化转型与否的关键标准。从呼包鄂乌区域一体化进程来看，社会治理数据在区域内实现了初步共享，但距离区域数据共享一体化还有很大差距。这种差距突出体现在条块分割的体制矛盾之中，即整体性治理维度下的技术治理所要求的内在开放性同行政层级、业务部门之间以及行政区划的事权划分冲突之中，平台整合与数据融合流于组织利益固化与博弈的壁垒之中，由于区域系统与平台之间的割裂，使得数据停滞于孤岛之中。据此来看，可以通过"混合云设计＋数据集成架构"形成数据共享路径。数据驱动的协同涉及数据的聚集、算法、算力、技术等融合，避免数据孤岛，通过数据开放与共享来促进治理协同，提升智能化社会治理水平。一是基于应用场景建设的数据、技术和业务融合。

围绕区域社会治理主题，从区域一体化公众需求出发，推动政府部门和层级再造，融合数据存储、数据流动、数据治理、数据与应用耦合，进行基于 ETL（数据仓库技术）的数据生产要素抽取、清洗、转换和加载质量提升，形成面向公众一体化需求的数据集成，提供数字化与智能化服务。二是基于数据算力算法的数据集成运作范式。利用 Cloud2.0 技术融合数据、算力和算法，形成"业务云、政法云、政务云"三者之间的组合，并形成数字化力，使区域社会治理数据和应用能够在不同的云平台上共享和协调，为区域可持续发展进行智慧决策。基于区域数字化转型混合云设计，将区域社会治理数据资源和 IT 管理复杂性集中到混合云上，提高区域治理效率，提高区域数据处理高负载性和灵活性，提升区域数据安全和效能。三是基于 5G 技术的深度应用布局 6G 技术，从通信技术史维度来看，奇数代通信技术具有革命性创新，紧跟其后的偶数代通信技术通常来源于前代技术衍生的业务革新与系统优化。因此，呼包鄂乌区域布局数字化社会治理转型过程中，需要前瞻区域社会治理中新型通信技术布局，将 5G、5.5G 以及 6G 技术构建同多元算力进行结合，利用 CPU、FPGA、ARM 架构有效补充 x86 计算平台，丰富数据算力和平台资源。

（二）瞄准数据采集技术，夯实数据集成应用感知基础

数字化力是 ICT 技术与治理深度融合后形成的以数据信息为生产要素，以数字场景深度应用为实践转化，驱动社会治理向数字化、网络化和智能化发展的动力。数字化转型的关键在于帮助组织形成数字化力，形成混合云同数据运转一体化，将算法不断迭代，形成基于数字大脑 + AIOT 技术驱动的数字化力架构之上的数据应用感知系统。一是形成以"城市大脑"为驱动的数据中枢（见图 5 - 2）。城市大脑是基于数据应用场景、数字驾驶舱等数据要素采集研判为一体的数字中枢系统与平台。该平台中枢是城市大脑赋能数字化社会治理的核

心系统，可根据区域社会治理的场景、对象、层级、议题等形成多场景、多层级、跨部门、跨层次、跨区域的数字交互界面，进行以时空数据为支撑的仿真推演、发展预测、决策分析等，实现业务协同、数据协同、政企协同，综合提升社会运行协同能力。从呼包鄂乌区域社会治理数字化转型的维度来看，城市大脑面临着区域中心城市智慧大脑数字界面的建构、数字界面同社会治理界面的融合以及区域数字治理界面生成等多重挑战，需要通过数据集成、智能感知、全面预警、技术赋能、AI 替代决策、系统数据整合、专家系统辅助决策、业务协同、数字研判等方式来推动社会治理和城市治理，为区域社会治理提供整体性解决方案，最终达到面向智慧社会的社会治理数字化转型，提升区域治理绩效。二是基于人工智能物联网（AIoT）技术融合，以物联网传感器收集数据，以数字大脑融入数据的深度学习，逐步应用人工智能技术，呼包鄂乌区域社会治理可以通过人工智能进行风险辨识、异常预警和未来预测，实现人工智能同物联网相结合的 AIoT 技术应用，从更高形式的人工智能技术应用，实现区域一体化治理数据化、治理智联化和治理体系智能化。随着以 5G 为代表的新基建建设的到来，"5G + IoT + AI"技术融合创新应用，实现大带宽、海量连接、高可靠、低延时网络应用，全面拓展智能场景交互。三是形成基于数据感知的"描述—诊断—预测—决策"服务机理，依托数据感知，建造用来解析未来治理场景的多元分析感知模型，将数据融入 Paas 平台，促进场景感知生态系统化、智能化。

（三）加速数据标准技术构建，释放社会治理数据价值

在数字化转型过程中，数据标准化是大数据应用社会治理体系建设的重要环节，也是多网融合的区域社会治理数字化目标模式面临的重大挑战。数据标准的缺失和滞后严重制约数字化社会治理推进进程，亟待通过系统化、流程化、科学化的数据标准管理机制来持续优

化社会治理各区域之间跨区划、跨部门、跨层级的数据系统和业务系统同步融合。只有通过标准的形式使数据在规范业务对象系统中进行统一定义和应用，才能进一步提升社会治理过程中业务协同、监管合规、数据共享开放、数据分析应用各方面能力。由此，在架构社会治理数字大脑过程中，一是依托数据元规范和标准化框架等技术应用形成基于政务数据、产业数据、交通数据、民生数据、医疗健康数据、城市综合图像数据标准化体系，统一化信息数字化开发接口平台数据标准。二是加快出台基于区域一体化的大数据标准化建设实施方案及政策体系，建设基于指标检索、业务运营、技术应用的指标库体系。逐步出台基于区域社会治理一体化数据资源编制规范和基于数字经济、产业发展、生态保护、安全治理及公共服务的数据管理规范。三是从数据生命周期视域规范数据标准流程化治理。从数据标准决策层、数据标准管理层再到数据标准执行层，从数据生成、存储、传输、应用、共享等全链条生命周期，形成以数据流程标准化为抓手的数据标准管理组织机构，加强数据标准化评估监督，推进标准规范落实到位，提升社会治理数据质量，驱动数据价值最大化释放。

（四）加强数据安全技术，全方位保障社会治理数据安全

"十四五"时期我国进入全面数字化转型期，明确提出要构建数据驱动的数字化社会治理基本框架。实现数据的高效流通到创新应用，必须以充分保障数据安全与隐私为前提。社会治理汇聚科教文卫、经济、人口等各类社会运行重点数据，随着网络的日趋复杂、技术的不断迭代以及系统间交互的频繁，保障各类社会运行数据安全成为社会治理数字化转型面临的又一挑战。对此，一是制定数据规范进行数据风险防范及评估，定义敏感数据与数据权利边界，形成数据安全追溯、监测、追踪、处置、运行流程。二是从技术架构上，建立大数据平台安全解决方案，综合使用 SM 算法，利用 HTML、CSV、

XLS、WMS、WCS、WFS 等数据格式覆盖数据体系，建立从终端数据到网络数据，从各层级数据库安全到大数据安全，高效的数据加密、数据脱敏、数据共享与鉴权解密等安全服务，形成全生命周期数据安全防护体系，制定数据分级分类防护规范和策略，实现基于区域的社会治理技术安全保障下的靶向数据监控和数据安全防护一体化。三是从方案层面，探索基于去中心化、去信任、共识机制、数据可靠的区块链技术在社会治理数据安全领域的应用，建立区域一体化社会治理数据安全方案和策略，综合考虑数据认证安全、传输安全和存储安全，通过数字证书认证、密钥管理、服务器密码机、数据库安全网等相关技术应用，实时掌握数字化社会治理数据平台运行安全态势，及时检测数字信息系统异常状态，及时通报预警数据平台潜在安全风险，实现数据安全实时可控。

▶ 第六章 ◀

呼包鄂乌社会治理数字化转型
与创新环境优化的政策路径分析

呼包鄂乌区域社会治理数字化转型聚焦全方位一体化整体性区域社会治理转型，是对党的十九届五中全会把数字化发展作为"十四五"一项重大举措的呼应。从全球各国区域社会治理战略来看，5G、人工智能、大数据和区块链成为全球各国政府高度重视的战略性前沿技术。应将社会治理领域中的数字政府、数字身份体系、公共管理和服务、能源环境、城市管理等作为区域社会治理转型优先部署重点方向，积极探索法制框架下构建数字化社会治理新生态，推进呼包鄂乌社会治理数字化转型，不仅有利于科技创新在畅通区域循环社会治理格局中发挥关键作用，推动区域基础设施和公共服务体系供给和需求平衡，促进呼包鄂乌区域人口、经济、资源和环境可持续创新发展，更加有利于推动呼包鄂乌城市群新型城镇化和城乡区域协调发展，提升区域整体竞争力，带动全区创新环境优化。

一、加强区域数字化社会治理顶层设计和规划

社会治理现代化是国家治理现代化的基层维度，是实现社会资源要素配置、社会福利优化与公众参与感、幸福感提升的整体过程。社会治理数字化转型，加载数据、软件、区域一体化信息模型为重要的

基础设施，探索区域规划建设的场景应用，实现呼包鄂乌城市群的规划仿真与可计算，提升区域社会数字化运作水平，优化区域一体化社会治理数字化运行流程，形成基于复杂系统的自适应，实现区域资源协同与社会服务统合。在区域联动和一体化进程中，探索呼包鄂乌区域规划合一模式，通过区域数字化社会治理赋能区域科技创新驱动发展，尤其探索布局5G、5.5G、6G、量子通信、脑科学等前沿技术，启动以数字化转型为引领的呼包鄂乌社会治理创新生态圈建设，构建融合、安全、泛在的数字化基础设施，建立区域协同大数据应用发展管理机构，出台围绕数字化经济发展、产业交互、公共服务、生态治理、安全防范的产业经济政务激励政策，开展典型智慧场景应用，挖掘技术创新应用的社会土壤。

二、建立健全科技创新与社会治理的合作机制

以开放多元、互利共赢、协同高效为治理理念，完善呼包鄂乌各地党委政府领导体制机制，完善联动融合区域治理的社会协同体制，建设呼包鄂乌区域人人有责、人人尽责、人人享有的社会治理共同体。在社会治理过程中呼包鄂乌区域社会成员形成有所担当、履行责任的共同体意愿，基于区域一体化愿景目标、区域价值共筑、区域利益共享、区域规范同构、区域可持续发展承担区域社会治理责任。营造社会治理支持科技创新氛围，深化区域一体化科技和行政领域的"放管服"改革，打通技术创新与科技应用"最后一公里"，引导和鼓励全体社会成员积极参与科技创新与社会治理。呼包鄂乌形成面向重大问题和重大需求的任务和目标，以政府为联结点，通过5G等数字化技术手段赋能区域创新生态，形成基于产学研企社协同治理系统，加强技术创新与基础研究、产业融合与专利应用，使科技与数字化社会治理紧密耦合，创新生态绿色高质量持续优化的呼包鄂乌社会治理数字化发展。

三、优化服务区域创新环境优化的社会治理体系

从宏观视角来看，社会治理共同体类似于一个有机的创新生态圈，涵盖政府、多元组织、公众以及以现代信息技术为载体的工具，各主体遵照主体间性以及共同体职责义务协同治理，保障主体间利益最大化以及资源最优配置并良性运转。呼包鄂乌区域数字化社会治理一体化进程中，数字技术的深度应用为区域社会治理共同体的构建提供了可行性。一方面，数字化社会治理转型为区域内公众参与社会治理提供了技术途径和公共平台，同时，打破了信息传播时空障碍，可以通过公开透明的信息引导各类社会组织、慈善组织和社会志愿者等有序参与社会治理，为社会治理共同体构建提供了群众基础。另一方面，借助和布局更新一代的 6G 等信息通信技术充分挖掘不同主体的意愿诉求，建立科学的区域决策机制流程，有助于实现政府、企业、社区等不同主体间协商与合作，从区域共同体的利益维度和整体维度提升区域一体化社会治理效能。

一是推进呼包鄂乌城市群数字经济一体化建设。建立基于城市数字化发展维度下的经济运行基础数据库，进行海量数据收集，打破经济区域部门壁垒，动态整合监测经信、工商、税务、海关等数字经济相关领域经济运行数据，构建基于区域宏观经济、微观经济、行业经济等一体化经济研判分析系统，构建基于数字经济要素的预测数据模型分析体系，围绕区域实时经济运行、经济发展质量、经济指标预测进行数据收集、数据挖掘、数据比对以及可视化、场景化分析。通过经济平台数字化整合与完善，丰富金融、科技、能源、商务等领域数字化场景应用，推进决策、执行、控制、反馈等数字化协同项目，实现数据流、算力、技术流、资金、人才等多要素统筹的经济一体化运行。

二是构建数字化产业体系的核心在于加速应用工业互联网，推进制造业高质量发展。"制造业是实体经济的骨架和支撑，也是振兴实

体经济的主战场。"工业互联网是大数据、人工智能在制造业的融合，呼包鄂乌四地是支撑内蒙古现代制造业和能源产业的核心，在布局产业体系数字化转型进程中，要洞察制造和生产模式转型情况，通过区域工业互联网政策、网络、平台的搭建推进区域产业形成集协同研发、众包设计、供应链协同等为一体的网络化协作，进一步推动个性化定制、服务化延伸与智能化生产，以数字技术为引领，将工业互联网全面覆盖产业链和创新链。

三是深入推进呼包鄂乌城市群服务业数字化转型，推动区域新基建建设，统筹各类云资源，推进制造业、能源业向"制造＋服务""能源＋服务"数字化转型，培育众包设计、智慧物流、新零售等新经济增长点。加速发展智慧农牧业，推进农业生产经营、牧业品牌推广和管理服务数字化改造。以营商环境优化推进产业融合，优化惠企惠产政策，实现"免申即享"，支持建立整合平台型企业服务商业运营统一平台，实现线上线下泛在互联和消费场景间融合互通。

四是整合区域社会治理政务数据资源，推动以智能化平台驱动呼包鄂乌区域政务服务、公共服务、资源配置等体系要素走向协同，形成政策引领、技术支撑、人才支持、资金投入、组织保障、评估反馈的有机闭环，嵌入区域社会治理实践。形成呼包鄂乌区域数字化社会治理能力评估体系，基于科学调研，设定合理的量化指标，有效测度和提升各地展开的有益探索路径，挖掘科技支撑区域化社会治理的地方经验，调动基层工作人员的积极性。构建数字化政府体系，完善呼包鄂乌四市政务数据资源交换、共享与转换，对接区域政务信息系统优化升级，形成"智治"驱动区域决策的良好行政体制机制。在政策制定上，运用大数据决策思维充分而全面地均衡供给面政策、环境面政策和需求面政策的合理比重和配置，以智能化应用推动社会治理重心下移，注重对社会治理体系中的有针对性的方案和解决路径探索，为以区域行政体系为主导的制度化社会治理同以科技为支撑的非制度化渠道畅通提供合作契机。

四、构建畅通创新体系运行的社会治理架构

数字化市域社会治理体系基于产业发展、科学研究、社会工程、社会治理横向交流等平台，形成追踪、调查反馈、科学评估、合理改进、可持续性的环形运行体系[①]。呼包鄂乌区域一体化发展进程中，要密切关注市域发展，打通市域承上启下枢纽，以区域城市群发展引领乡村社会治理转型，以科技支撑市域社会治理，统筹城乡一体化、基本公共服务均等化水平。呼包鄂乌区域一体化要推进建设以 5G 基站、特高压输变电、大数据中心等为代表的新型基础设施同数字化科学技术和基层治理、社区治理、城乡治理深度融合，打造数据泛在驱动、数据跨域整合、智能数据协同、跨界互联融合的市域社会治理数字化模式。建立区域治理与运行智慧化治理架构，全区域网格覆盖智慧终端，汇集和研判区域餐饮就医、交通出行、社会舆情、社会工程等大数据，实现对呼包鄂乌城市群加速运行的超强感知和呼包鄂乌区域创新资源的高效配置。从呼包鄂乌区域社会治理数字化转型的目标模式和技术支撑来看，构筑基于区域一体化的社会治理信息平台，形成基于数字化技术手段信息汇聚、智能流转、指挥调度、统筹考核、分析预警的"市域—旗县—基层"社会治理创新格局，将区域社会治理市域、区县、乡镇街道各级各类主体在社会治理中的定位和关注重点进行区别，分别为基于市域社会治理的整体把握、运营监测、督导考评和决策制定，基于区县社会治理多维分析、事件关联和任务分派，基于社区、乡村和街道基层社会治理的扁平化基础数据采集、事件处置以及网格员巡查，形成信息采集、政策宣传、事项办理、便民

---

① 张成岗，李佩. 科技支撑社会治理现代化：内涵、挑战及机遇 [J]. 科技导报，2020，38（14）：134－141.

服务统一化平台集成作业。通过区域统一平台建设，推进数据下沉赋能基层一线社会治理，加速推进基层应用同具体业务部门垂直系统融合集成，建设区域化、网格化社区、街道、居民等互联网协同平台，推动数字化公共服务，打通技术赋能区域一体化基层社会治理通道。

一方面，建立政务服务区域一体化平台。构建统一政务云平台，打破城市内部行政区划间政务数据孤岛，将政务信息有序整合。全面实施公共政务服务"一网通办"，逐步打造以区域协同发展为指引的数字化政务服务技术平台，建立数字化系统政务服务标准体系，形成线上线下办事流程，融合线上线下政务标准和功能互补，实现全网在线政务服务区域一体化。

另一方面，推进重点领域系统建设平台。支撑以智慧社区为基层治理数字化转型根基，建立"市民码"推动区域公共就业服务一体化，形成统一的人力资源市场，享受同等就业服务。以数字化推进共同富裕，精准帮扶与推进不同发展情境下的家庭、社区和社会建设。推动区域医疗联合体建设，探索医学人工智能应用基层辅助系统，探索跨区域、跨区划和跨层级的医学反馈、电子病历、公共卫生等数据在区域内医疗卫生机构间授权使用，强化区域重大疫情跟踪体系，通过"蒙速办""青城医疗""鹿城365""健康鄂尔多斯市""行程卡""健康码""场所码"等数字化技术推动疫情精准防控，通过社会保障一卡通办理服务，实现医疗卫生服务区域一体化。

五、提升创新主体社会治理数字化与法治化能力

社会治理能力现代化涵盖了社会治理全过程的现代化和社会治理细分领域的现代化，并直接表现为将科技与法治融入社会治理。呼包鄂乌区域深入融合过程中，加强新技术、新算法、新模型构建与数字价值伦理交汇于公共运行领域，广泛应用科教文卫、生态环保、基础服务等多维公共数据一次采集，行政与司法公共部门多方共享，形成

数源核查明晰的数据治理创新机制，建设并完善数据确权与数据开发利用服务体系，提升公共服务精准化、智能化水平，优化呼包鄂乌区域公共服务流程、降低人力成本、推进基层治理资源集聚、提高区域协同效率，及时把握群众认知和心理变化，缩短公众需求回应周期。树立科技双刃剑理念，科技赋能区域社会治理的同时，要运用法治思维和法治方式规范科技应用，引导科技向善，在运用科技赋能解决区域社会治理难题时，尊重区域公序良俗，以区域法制建设规范数字化社会行为，有效维护区域社会安全稳定，推动区域平安建设能力和水平。

风险社会情境下，安全被作为社会治理数字化转型的首要目标。呼包鄂乌城市群目标模式和框架结构需要区域多元社会治理主体协同开展区域安全立体化防控。一是持续推进"技术＋网格＋社区＋共同体"社会治理主体新格局构建，形成基于数字化平台应用的社会治理多主体合作新模式。二是立足新型基础设施建设，从软件数据端聚焦硬件建设保障端，不断强化新基建安全，建立基于区域一体化的自主可控、安全可靠的网络与技术信任体系，建立事前检测防御、事中控制防护和事后应急响应的全方位社会治理安全体系。三是建立基于区域数据安全治理体系和数据分类分级保护体系，强化数据安全管控，通过区域智慧安全联动机制，推动区域社会安全立体化防控体系运行整合一体化。结合区域数字化社会治理目标模式，构建系统化、层次化的监测防控网络，提升疫情等突发安全事件监测预警和应急响应能力，推动基于物联一体的公安、消防、卫生等应急体系基础设施的建设和投入，形成多部门合作、多风险协同区域一体化安全治理模式，形成交通、通信、能源、市政等区域一体化关键基础设施的风险研判和安全防控，不断提升区域执法联动能力，强化跨区域跨部门执法办案协作。

六、推进科技支撑社会治理，促进风险治理能力现代化

城市群及区域一体化价值链动态演进的源点在于技术创新。面对风险跨界跨区域演化，多元主体在风险治理中如何以共同体形式协同融合成为数字化社会治理关键领域。面向后疫情时代，区域社会治理应积极构建区域大安全格局，通过新型技术支撑风险应急防控，构建基于科技伦理保障的数字化社会治理体系，既要将风险评估资源向基层倾斜，构建以市域社会治理为着力点的社会治理新体系，又要关注基层社会治理不同领域细分，从科技支撑呼包鄂乌社会治理创新维度，努力回应5G、人工智能、物联网、区块链等新技术对呼包鄂乌社会治理大安全格局建设吁求，构建呼包鄂乌政企联动安全体系，以政府为主导推动建设呼包鄂乌区域产业行业安全标准规范，以核心产业链为示范，借助工业互联网等应对各类安全威胁，形成"事前—事中—事后"全周期安全管理，建立区域多主体参与的科技风险研判机构，制定必要的规划规则，支撑呼包鄂乌区域一体化应急风险治理。

一是构建以数字化技术覆盖区域社会安全治理网格。积极推行智慧社区"网格化"管理，形成覆盖全域、泛在共享、共同参与、实时监测、全程可控的全风险防控格局，实现智能化联网建设，尤其是打破区域一体化过程中行政区划边界、城中村、跨域等地理安全盲点，形成立体化社会治理和风险防控体系。

二是聚焦区域生态系统一体化，推进数字化山林湖草沙数据平台建设。实现基于区域一体化的生态系统和绿色屏障数据实时上传，数据决策系统进行快速分析与研判，形成相关信息，呈现为可视化高清图像，帮助自然灾害、人为事故、生态破坏等应急治理中多元主体进行危机决策和情势判断，实现远程规划、遥感、指挥和救助。

三是实现安全生产领域和灾害治理领域数字化转型。通过将监测

预警、监管预防同安全生产专项整治相结合，实时监测识别风险，实现安全生产领域信息化、数字化和智能化。构建智慧灾害防范监测系统，打造集感知、研判、决策、指挥、协同等多功能于一体的灾情响应设计，实现区域联动灾害预警监测，动态推演灾情趋势，生成更新预案。

七、大力借鉴先进城市群科技支撑数字化转型经验

数字化社会治理事关区域创新高质量发展，是城市群营商环境和产业发展环境的整体较量，呼包鄂乌作为国家重点培育发展的中西部城市群任重道远。从各地开展的实践来看，长三角、京津冀等城市群都通过数字技术赋能区域社会治理构建新格局，长三角城市群通过数字技术优势，突破行政壁垒，使区域电子证照互认、区域政务服务"一网通办"，构建常态化区域信息联动机制和平台，以数据开放促进区域社会共治，围绕呼包鄂乌智慧城市群建设、呼包鄂乌政务服务、呼包鄂乌生态环保等场景进行数字化转型。京津冀城市群通过数字化技术完善区域空间和功能整体布局，形成区域规划、经济转型、生态保护、公共服务、公共安全等领域同步数字化转型。先进城市群数字化转型为区域一体化高质量发展带来动力源示范作用，社会治理数字化转型对治理理念、治理结构、公共服务质量、体制机制运行流程、制度供给都产生了不可估量的深远影响①，为区域发展战略提供了远景目标和工具策略，推动区域社会治理不断迭代和升级。

从各地开展的实践来看，北京、上海、杭州、深圳、南京、福建等地区都通过数字技术赋能区域构建新格局，如"数字中国"思想的起源地福建省，从"十五"时期就开始规划"数字福建"，并出台

① 龚艺巍，谢诗文，施肖洁. 云技术赋能的政府数字化转型阶段模型研究——基于浙江省政务改革的分析 [J]. 现代情报, 2020, 40 (6): 114 – 121.

了一系列推进工业数字经济创新发展的政策、方案和决定，成为数字经济发展进程中极具代表性的省份，形成了影响深远的"131"计划和"339"建设计划。"131"是 2000 年福建省政府召开"数字福建"建设专题会议所形成的"数字福建十五"建设规划，建设福建省公用信息平台、政务信息网络工程和空间信息工程研究中心，福建省信息共享。"339"是在"131"基础上，形成省级公众信息服务平台、省网络安全监控中心、分布式数据库"三个基础工程"，电子商务示范工程、信息技术改造传统产业示范工程和电子公文传输系统示范工程"三个示范项目"，以及围绕环境生态建设、国土资源、海洋生态、公安信息、储备粮油信息、国民经济动员、国民经济与社会信息、文化信息九个方面的信息系统应用。此后，上海、杭州、南京等地通过数字技术优势，突破行政壁垒，使区域电子证照互认，区域政务服务"一网通办"，构建常态化区域信息联动机制和平台，以数据开放促进区域社会共治。北京通过数字化技术完善区域空间和功能整体布局，形成区域规划、经济转型、生态保护、公共服务、公共安全等领域同步数字化转型。先进城市的数字经济规划与发展为城市高质量提升带来动力源和示范作用，对城市的经济发展、创新要素集聚、治理现代化、公共服务质量、体制机制运行、制度供给等都产生了不可估量的深远影响，为城市发展战略提供了远景目标和工具策略，有助于推动区域高质量发展不断迭代和升级，为打造呼包鄂乌城市群数字经济高地提供了宝贵经验。

　　当代中国社会的治理转型是在史无前例的时代背景下展开的①，社会治理数字化建设是面向未来技术发展贴近地区治理实践的积极探索，是区域创新高质量发展的动力源所在。基于区域一体化社会治理

———————

　　①　李友梅. 当代中国社会治理转型的经验逻辑 [J]. 中国社会科学，2018 (11)：58－73.

数字化转型实践的经验较少，亟待各研究持续关注区域发展背景下的社会治理数字化转型实践，尤其是中西部地区城市群社会治理实践，技术难题是可以攻破的，但如何将社会治理观念、利益间障碍以及组织体制机制创新协同并进，面临诸多问题和挑战，比如区域内行政区划间数据割裂、标准不一、合作协调不足、高质量治理融合度低等问题。基于此，对呼包鄂乌城市群社会治理数字化转型实践结构，进行该区域社会治理数字化转型目标模式构建和技术框架探讨，形成理论同实践相对照的中西部城市群区域社会治理一体化探索政策路径，以供具体实践对标参考。

参 考 文 献

［1］艾云. 上下级政府间"考核检查"与"应对"过程的组织学分析以 A 县"计划生育"年终考核为例［J］. 社会，2011，31（3）：68 - 87.

［2］把内蒙古建设得更绿更美更富裕——习近平总书记参加十三届全国人大二次会议内蒙古代表团审议时的重要讲话在我区基层干部群众中引起热烈反响［J］. 实践（党的教育版），2019（3）：18 - 19.

［3］曹聪，李宁，李侠，刘立. 中国科技体制改革新论［J］. 自然辩证法通讯，2015，37（1）：12 - 23.

［4］陈东利，张剑文. 区块链技术赋能三次分配：慈善治理公平与效率的现代化表达［J/OL］. 中国矿业大学学报（社会科学版）：1 - 13［2021 - 11 - 26］.

［5］陈亮，李元. 去"悬浮化"与有效治理：新时期党建引领基层社会治理的创新逻辑与类型学分析［J］. 探索，2018（6）：109 - 115.

［6］陈荣卓，肖丹丹. 从网格化管理到网络化治理——城市社区网格化管理的实践、发展与走向［J］. 社会主义研究，2015（4）：83 - 89.

［7］陈水生. 迈向数字时代的城市智慧治理：内在理路与转型路径［J］. 上海行政学院学报，2021，22（5）：48 - 57.

［8］陈潭. 国家治理的大数据赋能：向度与限度［J］. 中南大学学报（社会科学版），2021，27（5）：133 - 143.

［9］陈涛，罗强强. 韧性治理：城市社区应急管理的因应与调

适——基于 W 市 J 社区新冠肺炎疫情防控的个案研究 [J]. 求实，2021 (6)：83 - 95.

[10] 戴长征，鲍静. 数字政府治理——基于社会形态演变进程的考察 [J]. 中国行政管理，2017 (9)：21 - 27.

[11] 丁元竹. 构建中国特色基层社会治理新格局：实践、理论和政策逻辑 [J/OL]. 行政管理改革：1 - 20 [2021 - 11 - 29].

[12] 范如国. "全球风险社会"治理：复杂性范式与中国参与 [J]. 中国社会科学，2018 (2)：65 - 83.

[13] 费艳颖，刘彩薇. 习近平人工智能重要论述：发轫理路、逻辑结构及理论特色 [J]. 理论学刊，2021 (4)：5 - 13.

[14] 高丽娜，宋慧勇，张惠东. 城市群协同创新形成机理及其对系统绩效的影响研究 [J]. 江苏师范大学学报（哲学社会科学版），2018，44 (1)：125 - 132.

[15] 高奇琦. 人工智能：驯服赛维坦 [M]. 上海：上海交通大学出版社，2018：280 - 281.

[16] 龚艺巍，谢诗文，施肖洁. 云技术赋能的政府数字化转型阶段模型研究——基于浙江省政务改革的分析 [J]. 现代情报，2020，40 (6)：114 - 121.

[17] 韩兆柱，单婷婷. 网络化治理、整体性治理和数字治理理论的比较研究 [J]. 学习论坛，2015，31 (7)：44 - 49.

[18] 韩志明. 基层治理悬浮与下移的张力及其辩证分析 [J]. 人民论坛，2021 (24)：54 - 57.

[19] 何继新，孟依浩. 我国区块链嵌入城市治理：现状评述、逻辑进路与关键问题 [J]. 长白学刊，2021 (6)：80 - 87.

[20] 何明升. 智慧社会：概念、样貌及理论难点 [J]. 学术研究，2020 (11)：41 - 48.

[21] 黄仁宇. 资本主义与二十一世纪 [M]. 上海：生活·读

书·新知三联书店，1997：27.

［22］黄晓春. 技术治理的运作机制研究—以上海市 L 街道一门式电子政务中心为案例［J］. 社会，2010，30（4）：1 - 31.

［23］金晓燕，任广乾，刘莉. 网络社会集体行为中的先驱者跟随者模式及其协调机制研究［J］. 情报杂志，2021，40（7）：114 - 121.

［24］孔建华. 当代中国网络舆情治理：行动逻辑、现实困境与路径选择［D］. 长春：吉林大学，2019.

［25］李大宇，章昌平，许鹿. 精准治理：中国场景下的政府治理范式转换［J］. 公共管理学报，2017，14（1）：1 - 13.

［26］李佩，王大同. 构建面向 2035 年科技治理与社会治理良性互动的创新体系［J］. 中国科技论坛，2020（11）：6 - 8.

［27］李平原. 浅析奥斯特罗姆多中心治理理论的适用性及其局限性——基于政府、市场与社会多元共治的视角［J］. 学习论坛，2014，30（5）：50 - 53.

［28］李晓华. 数字经济新特征与数字经济新动能的形成机制［J］. 改革，2019（11）：40 - 51.

［29］李友梅. 当代中国社会治理转型的经验逻辑［J］. 中国社会科学，2018（11）：58 - 73.

［30］林梅. 疫情防控视角下的社会治理现代化［J］. 科学社会主义，2020（3）：17 - 24.

［31］刘安. 网格化社会管理及其非预期后果——以 N 市 Q 区为例［J］. 江苏社会科学，2014（3）：106 - 115.

［32］刘淑春. 数字政府战略意蕴、技术构架与路径设计——基于浙江改革的实践与探索［J］. 中国行政管理，2018（9）：37 - 45.

［33］刘永谋. 技术治理的逻辑［J］. 中国人民大学学报，2016，30（6）：118 - 127.

[34] 刘宇轩，张乾友．"人工智能＋"政府决策：挑战与应对[J]．贵州社会科学，2021（4）：14-21．

[35] 罗庆朗，蔡跃洲，沈梓鑫．创新认知、创新理论与创新能力测度[J]．技术经济，2020，39（2）：185-191．

[36] 马超，孟天广．"接诉即办"：北京基层治理新模式[J]．决策，2021（5）：53-55．

[37] 马一德．创新驱动发展与知识产权战略实施[J]．中国法学，2013（4）：27-38．

[38] 孟天广，黄种滨，张小劲．政务热线驱动的超大城市社会治理创新——以北京市"接诉即办"改革为例[J]．公共管理学报，2021，18（2）：1-12．

[39] 孟天广．数字治理全方位赋能数字化转型[J]．政策瞭望，2021（3）：33-35．

[40] 孟天广，赵娟．大数据驱动的智能化社会治理：理论建构与治理体系[J]．电子政务，2018（8）：2-11．

[41] 孟天广．政府数字化转型的要素、机制与路径——兼论"技术赋能"与"技术赋权"的双向驱动[J]．治理研究，2021，37（1）：5-14．

[42] 乔治·瑞泽尔．汉堡统治世界?!：社会的麦当劳化：20周年纪念版[M]．北京：中国人民大学出版社，2014．

[43] 秦上人，郁建兴．从网格化管理到网络化治理——走向基层社会治理的新形态[J]．南京社会科学，2017（1）：87-93．

[44] 任捷．国内区域警务合作机制发展趋势理论评述[J]．人民论坛，2016（17）：77-79．

[45] 尚英仕，刘曙光．中国东部沿海三大城市群的科技创新与绿色发展耦合协调关系[J]．科技管理研究，2021，41（14）：46-55．

[46] 舒小林，高应蓓，张元霞，杨春宇．旅游产业与生态文明

城市耦合关系及协调发展研究［J］. 中国人口·资源与环境，2015，25（3）：82 - 90.

［47］宋煜. 社区治理视角下的智慧社区的理论与实践研究［J］. 电子政务，2015（6）：83 - 90.

［48］孙柏瑛，于扬铭. 网格化管理模式再审视［J］. 南京社会科学，2015（4）：65 - 71.

［49］孙瑜康，李国平. 京津冀协同创新中北京辐射带动作用的发挥效果与提升对策研究［J］. 河北经贸大学学报，2021，42（5）：78 - 84.

［50］孙早，徐远华. 信息基础设施建设能提高中国高技术产业的创新效率吗——基于 2002—2013 年高技术 17 个细分行业面板数据的经验分析［J］. 南开经济研究，2018（2）：72 - 92.

［51］谭必勇，刘芮. 数字政府建设的理论逻辑与结构要素——基于上海市"一网通办"的实践与探索［J］. 电子政务，2020（8）：60 - 70.

［52］唐皇凤. 我国城市治理精细化的困境与迷思［J］. 探索与争鸣，2017（9）：92 - 99.

［53］唐建荣，李晓静. 产业生态系统协同评价及障碍因子诊断——基于 2005 - 2014 年安徽省 16 市的实证分析［J］. 华东经济管理，2016，30（11）：17 - 25.

［54］田毅鹏. 城市社会管理网格化模式的定位及其未来［J］. 学习与探索，2012（2）：28 - 32.

［55］童星. 科技抗疫：科学态度、专业人才与技术手段［J］. 公共管理与政策评论，2021，10（3）：13 - 21.

［56］王芳. 以知识复用促数字政府效能提升［J］. 人民论坛·学术前沿，2021（Z1）：46 - 53.

［57］王国华，骆毅. 论"互联网＋"下的社会治理转型［J］.

人民论坛·学术前沿, 2015 (10): 39 - 51.

[58] 王龙. 社会安全治理现代化的情境条件分析及治理策略——来自898个有效样本的实证研究 [J]. 中国人民公安大学学报 (社会科学版), 2021, 37 (2): 134 - 145.

[59] 王洛忠, 闫倩倩, 陈宇. 数字治理研究十五年: 从概念体系到治理实践——基于 CiteSpace 的可视化分析 [J]. 电子政务, 2018 (4): 67 - 77.

[60] 王启飞, 程梦丽, 张毅. 区块链技术赋能食药安全监管机制研究——基于"鄂冷链"的案例分析 [J]. 电子政务, 2021 (11): 92 - 102.

[61] 王维维, 王义保. 基于"前馈控制"的网格化治理危机预警多点触发机制研究 [J]. 南通大学学报 (社会科学版), 2021, 37 (4): 88 - 94.

[62] 王小芳, 王磊. "技术利维坦": 人工智能嵌入社会治理的潜在风险与政府应对 [J]. 电子政务, 2019 (5): 86 - 93.

[63] 王亚华, 毛恩慧. 城市基层治理创新的制度分析与理论启示——以北京市"接诉即办"为例 [J]. 电子政务, 2021 (11): 2 - 11.

[64] 王莹, 孟宪平. 论"互联网 + 社会治理"背景下国家治理能力现代化的建设 [J]. 电子政务, 2017 (9): 93 - 100.

[65] 王雨磊. 数字下乡: 农村精准扶贫中的技术治理 [J]. 社会学研究, 2016, 31 (6): 119 - 142.

[66] 吴朝文, 景星维, 张欢. 国家治理中大数据智能化的价值、困境与实现路径 [J]. 重庆社会科学, 2021 (10): 70 - 81.

[67] 吴旭红, 章昌平, 何瑞. 技术治理的技术: 实践、类型及其适配逻辑——基于南京市社区治理的多案例研究 [J/OL]. 公共管理学报: 1 - 19 [2021 - 12 - 02].

[68] 吴湛微，禹卫华．大数据如何改善社会治理：国外"大数据社会福祉"运动的案例分析和借鉴 [J]．中国行政管理，2016（1）：118 - 121．

[69] 习近平．在中国科学院第十九次院士大会、中国工程院第十四次院士大会上的讲话 [M]．北京：人民出版社，2018：12．

[70] 向玉琼，谢新水．数字孪生城市治理：变革、困境与对策 [J]．电子政务，2021（10）：69 - 80．

[71] 辛勇飞．数字技术支撑国家治理现代化的思考 [J]．人民论坛·学术前沿，2021（Z1）：26 - 31．

[72] 徐雪琪，程开明．创新扩散与城市体系的空间关联机理及实证 [J]．科研管理，2008（5）：9 - 15．

[73] 徐祯，李国平，席强敏，吕爽．北京市建筑设计产业空间分布与区位选择 [J]．地理科学，2021，41（5）：804 - 814．

[74] 颜昌武．沃尔多行政思想述评 [J]．公共管理研究，2008（00）：114 - 134．

[75] 杨仁发，李胜胜．创新试点政策能够引领企业创新吗——来自国家创新型试点城市的微观证据 [J]．统计研究，2020，37（12）：32 - 45．

[76] 叶堂林，毛若冲．京津冀科技创新与产业结构升级耦合 [J]．首都经济贸易大学学报，2019，21（6）：68 - 79．

[77] 尹鹏，刘曙光，陈才．中国沿海城市群城镇化效率测度及其障碍因子诊断 [J]．华东经济管理，2017，31（7）：68 - 74．

[78] 袁宇阳，张文明．智慧乡村发展中的潜在风险及其规避策略研究 [J/OL]．电子政务：1 - 10 [2021 - 12 - 02]．

[79] 约瑟夫·熊彼特．经济发展理论 [M]．贾拥民，译．北京：中国人民大学出版社，2019（8）：252．

[80] 郧彦辉．数字利维坦：信息社会的新型危机 [J]．中共中

央党校学报，2015（6）：46 - 51.

[81] 曾凡军. 基于整体性治理的政府组织协调机制研究 [D].
武汉：武汉大学，2010.

[82] 张成福，谢一帆. 风险社会及其有效治理的战略 [J]. 中
国人民大学学报，2009，23（5）：25 - 32.

[83] 张成岗，李佩. 科技支撑社会治理体系构建中的公众参
与：从松弛主义到行动主义 [J]. 江苏行政学院学报，2020（5）：
69 - 75.

[84] 张成岗，李佩. 科技支撑社会治理现代化：内涵、挑战及
机遇 [J]. 科技导报，2020，38（14）：134 - 141.

[85] 张成岗. 区块链时代：技术发展、社会变革及风险挑战
[J]. 人民论坛·学术前沿，2018（12）：33 - 43.

[86] 张成岗，张仕敏，黄晓伟. 信息技术、数字鸿沟与社会公
正——新技术风险的社会治理 [J]. 中国科技论坛，2018（5）：
136 - 144.

[87] 张建华，杨少瑞. 发展经济学起源、脉络与现实因应 [J].
改革，2016（12）：134 - 143.

[88] 张康之. 论风险社会生成中的社会加速化 [J]. 社会科学
研究，2020（4）：22 - 30.

[89] 张康之. 论高度复杂性条件下的社会治理变革 [J]. 国家
行政学院学报，2014（4）：52 - 58.

[90] 张康之. 论社会治理体系"返魅"的路径 [J]. 南京社会
科学，2006（3）：34 - 40.

[91] 张康之. 论主体多元化条件下的社会治理 [J]. 中国人民
大学学报，2014，28（2）：2 - 13.

[92] 张康之. 试论后工业化进程中的结构危机 [J]. 华中师范
大学学报（人文社会科学版），2006（5）：31 - 36.

［93］张旭，袁旭梅，魏福丽．生态绿色化与经济高质量耦合协调的时空演化［J］．统计与决策，2021，37（3）：112－116．

［94］张再生，白彬．新常态下的公共管理：困境与出路［J］．中国行政管理，2015（3）：38－42．

［95］赵金旭，孟天广．官员晋升激励会影响政府回应性么？——基于北京市"接诉即办"改革的大数据分析［J］．公共行政评论，2021，14（2）：111－134．

［96］赵坤．风险社会中的共同体重建——兼论中国社会共同体治理的具体矛盾与治理智慧［J］．福建师范大学学报（哲学社会科学版），2020（5）：91－97．

［97］赵孟营．社会治理精细化：从微观视野转向宏观视野［J］．中国特色社会主义研究，2016（1）：78－83．

［98］朱宗尧．政务图谱：框架逻辑及其理论阐释——基于上海"一网通办"的实践［J］．电子政务，2021（4）：40－50．

［99］Dodgson M，Hinze S. Indicators used to measure the innovation process：defects and possible remedies［J］. Research Evaluation，2000，9（2）：101－114．

［100］Freeman C，Luc Soete. Developing Science，Technology and Innovation Indicators：What We can Learn from the Past［J］. Research Policy，2009，38（4）：583－589．

［101］Godin B. National Innovation System：A Note on the Origins of a Concept［J］. Journal of Bone & Joint Surgery American Volume，2010．

［102］Lundvall B A. National Innovation Systems：Towards a Theory of Innovation and Interactive Learning［C］// Innovation & Interactive Learning，2010．

［103］Mytelka L K，OECD. Competition，innovation and competitiveness in developing countries［M］. Development Centre of the Organisation for Economic Co-operation and Development, 1999.

[104] Nelson A J. Measuring Knowledge Spillovers: What Patents, Licenses and Publications Reveal about Innovation Diffusion [J]. Research Policy, 2009, 38 (6): 994 – 1005.

[105] OECD. OSLO Manual: Guidelines for Collecting and Interpreting Innovation Data [M]. OECD/Europeam Communities, 2005.

[106] Pedersen P O. Innovation Diffusion within and between National Urban Systems [J]. Geographical Analysis, 1970, 2 (3): 203 – 254.

[107] Romer, Paul M. Increasing Returns and Long – Run Growth [J]. Journal of Political Economy, 1986, 94 (5): 1002 – 1037.

[108] Rothwell, Roy. Towards the Fifth-generation Innovation Process [J]. International Marketing Review, 1994, 11 (1): 7 – 31.

[109] Sharif N. Emergence and Development of the National Innovation Systems Concept [J]. Research Policy, 2006, 35 (5): 745 – 766.